图书在版编目（CIP）数据

复合成长：AI时代优秀管理者的必修课 / 章珏著.
北京：人民邮电出版社，2025. -- ISBN 978-7-115
-67295-7

Ⅰ. F272.91-39

中国国家版本馆CIP数据核字第2025AB8064号

内 容 提 要

在 AI 重塑商业生态的时代，传统管理能力面临淘汰危机，单一维度的经验型管理者难以应对技术的颠覆与复杂的挑战。本书以"复合成长"为破局之道，聚焦管理者如何通过技术、战略、人文等多维能力的跨界融合与迭代升级，在智能革命中构建不可替代的领导力，引领企业突破"能力淘汰陷阱"。

作者围绕"复合成长"主线，系统剖析了 AI 技术为管理领域带来的深刻变革与全新挑战，从思维模式转型、技能体系重构、决策方式升级等方面，全面阐述了管理者的能力进化路径。重点解读了复合决策力、复合战略定力、复合学习力、复合协作力、复合影响力、复合品牌力及复合人脉力等核心能力模块。书中融入了大量的企业案例，结合对话式建议与自我评估工具，强调理论落地性，帮助管理者从"经验型管理者"转型为"AI 驱动型领袖"。

本书适合企业中高层管理者及致力于提升数字化领导力的职场精英，尤其适合面临转型压力的传统行业管理者、科技公司决策者，以及希望突破专业孤岛、构建复合能力体系的管理者。无论是寻求战略升级、团队赋能，还是个人影响力突破，均可从书中获得系统化的成长方法论与实践参考。

◆ 著 章 珏
    责任编辑 程珍珍
    责任印制 彭志环
◆ 人民邮电出版社出版发行   北京市丰台区成寿寺路 11 号
    邮编 100164   电子邮件 315@ptpress.com.cn
    网址 https://www.ptpress.com.cn
    北京九州迅驰传媒文化有限公司印刷
◆ 开本：880×1230 1/32
    印张：12   2025 年 7 月第 1 版
    字数：230 千字   2025 年 8 月北京第 3 次印刷

定 价：68.00 元
读者服务热线：（010）81055656 印装质量热线：（010）81055316
反盗版热线：（010）81055315

献给语章和玥章

本书收获的赞誉

面对 AI 浪潮与不确定性，《复合成长》帮助管理者重构认知边界，建立跨域思维与系统行动力。它将真实管理场景与系统性思考深度融合，是 AI 时代管理者穿越周期、实现自我进化的重要读本。

在众多管理类著作中，《复合成长》凭借扎实的实践积累和独到的洞见脱颖而出。真正打动我的是，作者对管理者日常挑战的深刻共鸣，以及对复杂系统背后规律的精准提炼。

——黄卓

北京大学国家发展研究院教授、副院长、"企业家 AI 启航班"主理教授，
BiMBA 商学院院长

作者是一位从留学生到"阿里人"，再到多次连续创业的女性管理者与创新实践者。她始终以智慧与坚韧穿越时代的不确定性。《复合成长》凝聚了她多年来在战略思维、系统管理与组织创新中的深刻洞察，为管理者在 AI 驱动的复杂环境中

提供清晰方向与实用方法，是一本兼具思想深度与实操价值的成长指南。

——张华

阿里健康首席人才官

组织变革的核心驱动力源于管理者思维模式与认知能力的系统性升级。《复合成长》构建了适应 AI 时代的管理者发展框架，通过整合认知科学与管理实践，为管理者在高速变化的环境中实现持续进化提供了方法论支持。从组织发展视角来看，本书为构建韧性组织与培养管理人才提供了实践指导；对投资者而言，其理论框架可作为评估组织长期发展潜力的重要分析工具。

——沈琴华

普华资本创始管理合伙人

本书深入探讨了 AI 时代的管理挑战与发展机遇，系统构建了管理者多维能力发展模型，为领导力进化提供了理论框架与实践路径。作为一部聚焦未来管理趋势的专业著作，本书对致力于能力提升的管理实践者具有重要的参考价值。

——周建国

国家虚拟现实创新中心主任

关于管理者的卓越性标准存在多元认知。在 AI 时代，真正具备竞争优势的管理者并非技术工具的熟练使用者，而是能够整合跨领域知识、激发组织活力并坚持人本主义原则的复合型人才。《复合成长》突破了传统管理著作的局限，构建了面向复合型管理者的系统性能力发展框架。本书以七大核心能力维度为基础，通过认知体系构建与方法论提炼，助力管理者培养具有迁移性与可持续性的基础能力。在技术变革与组织转型的背景下，这部著作对管理实践者具有重要的参考价值。

——王兴军

清华大学教授

在人工智能深度融入管理实践的背景下，重塑认知比掌握工具更为关键。《复合成长》一书深刻揭示了技术变革背后的认知逻辑，构建了帮助管理者实现复合成长的认知框架。

——陈根才

浙江大学计算机学院原副院长、教授

This insightful book explores how Artificial Intelligence (AI) is reshaping today's and tomorrow's business landscape. Jue Zhang's concept of compound growth offers a strategic framework that meets the evolving needs of modern managers and future leaders. Drawing on her broad vision and relentless pursuit of excellence, this work provides practical guidance for navigating the complexities of the AI era. I highly recommend it to all current and aspiring leaders seeking growth and adaptability in a fast-changing world.

——Stanley J. Stough,

Ph.D. Professor Emeritus

优秀管理者不仅要拥抱技术，还需具备人文视野与战略洞察力。《复合成长》精准捕捉了这一时代需求，是每位管理者成长的启航必备读物。

——付必鹏

飞猪平台用户业务部总经理

管理者的进化能力直接决定了组织应对未来的竞争力。《复合成长》作为一部洞察时代变革、融合理论深度与实践价值的管理著作，通过"认知升级 + 能力构建"的双维框架，系统性地搭建了管理者成长路径。本书既提供了跨越行业周期的战略思维体系，又提炼出可快速转化的实践方法论，助力管理者实现从被动适应到主动引领的质变。可以说，这部作品为当代及未来的商业领袖提供了实现持续复合成长的方法论基础。

——张若璠

亚马逊云科技业务生态拓展经理

在 AI 与数字化变革的时代背景下，管理者亟须培养跨界整合与持续进化的核心能力。《复合成长》一书精准把握这一时代命题，以严谨的学术思考结合生动的实践案例，既提供了深度的战略分析框架，又开发了实用的管理工具集，实现了理论高度与实践价值的有机统一。这部著作通过系统的方法论构建，有效助力管理者实现认知升级与能力突破的双重目标。

——李健

海尔集团全球采购委员会战略运营主管

在数字经济与智能技术深度融合的时代背景下，AI 已从辅助性工具演变为战略性要素，深刻重构管理者的能力体系与组织运作范式。《复合成长》一书基于系统性思维构建了认知框架与韧性发展模型，为管理者在复杂多变的环境中推动组织变革与商业创新提供了方法论支撑。本书不仅是一套前瞻性的管理理论体系，更是指导组织构建数字化竞争力、实现可持续发展的实践指南。

——翁晓颖

阿里巴巴云智能集团零售行业营销云商业化负责人

在 AI 技术快速发展的背景下，商业管理模式正在经历深刻变革。本书系统性地构建了数据驱动决策与智能技术应用的实践框架，同时着重探讨了管理者如何培养敏捷思维、持续学习能力及人文素养等核心素质。作为一部助力管理者实现认知升级的专业著作，本书对致力于职业发展的管理实践者具有重要的参考价值。

——桐生颖

RobinX.AI 创始人兼 CEO

驾驭 AI 技术已成为当代职场必备的核心能力，个体亟须掌握将其融入工作与生活场景的方法论。随着 AI 从基础对话功能演进为具备实际任务执行能力的智能系统，管理者的职能定位也需相应转变。章珏提出的"复合成长"理念，为管理者构建了与 AI 协同进化的能力发展路径。本书推荐给致力于在 AI 时代持续学习与实践创新的职业人士。

——章鑫尧

国家图书馆资深参考咨询馆员

21 世纪最具颠覆性的技术变革——AI，正在重构各行业的底层运行逻辑与生产管理范式。这一变革对管理者提出了全新的能力要求：如何建立认知框架、重塑能力体系、实现职业跃迁？《复合成长》一书针对这些问题，提供了系统化的解决方案，既包含前瞻性的理论洞察，又具备可操作的实践指导，是一部值得管理者深入研读的专业著作。

——谌凤君

陀螺研究院院长

《复合成长》系统阐述了在数据驱动与智能技术赋能的时代背景下，管理者如何通过认知迭代与能力重构实现职业突破。基于作者深厚的实践积累与理论研究成果，本书构建了融合前瞻视野与实践方法的能力发展框架，为管理者在快速变革的商业环境中保持组织敏捷性、实现持续进化提供了方法论指导。本书对致力于提升数字化领导力的管理者具有重要的参考价值。

——程宏兵

浙江工业大学计算机学院教授

基于作者跨领域的实践经验和系统化的理论思考，本书构建了一套科学严谨且具有实践价值的管理能力发展体系。作为作者在战略管理、跨界创新及持续学习领域多年研究成果的结晶，本书能够将复杂的商业现象转化为结构化的方法论框架，为管理实践者提供系统性的成长指引与实践工具。本书可作为管理类专业的重要教学参考书目。

——吕佳颖

浙江大学城市学院国际文化旅游学院副院长、教授在数字化转型背景下，法律行业正面临深刻变革。研究表明，采用 AI 技术的律师事务所将获得显著竞争优势，而拒绝技术创新的机构将面临市场淘汰风险。具有战略管理能力的合伙人将主导行业格局的重构。《复合成长》一书提出的"技术 × 战略 × 人文"三维能力模型，为律师事务所突破同质化竞争提供了系统性解决方案：通过 AI 技术提升专业服务效能，依托战略定力应对短期市场波动，运用人文领导力构建跨代际协作团队。该理论框架不仅为应对行业变革提供了方法论指导，更为法律服务业未来发展指明了方向。

——廖祥正

北京德恒（杭州）律师事务所权益律师

在算法主导的管理范式兴起之际，章珏基于"人本导向的系统思维"提出了创新性理论框架。凭借多年头部科技企业的管理实践及海外商学院的系统训练，她深入探索了技术与人文要素的融合机制。本书通过构建跨学科知识体系，建立了人本与科技协同的决策模型，并对智能时代的管理哲学进行了系统性重构。这是未来管理者不可或缺的进化指南！

——裘竹如

中国美术学院教育基金会综合管理部兼宣传部部长

Jue's insight into the evolving demands of leadership in the AI era is both profound and practical. Her compound growth model offers a transformative roadmap for managers seeking relevance and resilience in a rapidly changing world. As her MBA classmate, I've witnessed her sharp intellect and steadfast dedication—qualities deeply embedded in this exceptional book.

——Erik Helmboldt,

Senior Banking and Executive Management Professional, MBA Classmate

Jue's exploration of the emerging AI era and its profound implications for the business world is both thorough and thought-provoking. I had the privilege of working alongside her and sharing an office during our MBA years. Her unwavering work ethic and meticulous attention to detail shine through in this insightful book.

—— Matt Mueller,

Family Business Owner, MBA Classmate

推荐序一

在充满不确定性与复杂性的 AI 时代，商学教育者面临一个核心命题：如何培养能够引领未来的管理者？

管理教育的范式持续演进：从早期注重线性晋升与单一能力培养，逐步发展为强调战略视野与系统性成长。近年来最显著的变化在于，教育开始真正聚焦于"如何应对未知"这一核心命题。这意味着，未来管理者需要具备"运用尚未诞生的技术，解决尚未出现的问题，胜任尚未定义的岗位"的能力。这种能够跨越发展周期、引领变革的素质，正是面向未来的深层核心能力。

《复合成长》深刻把握了这一发展趋势。未来的卓越管理者将超越传统执行者或决策者的角色定位，转型为兼具跨界整合能力与系统构建能力的"战略型系统架构师"——这类新型管理者善于在多元场景中洞察趋势、整合资源，在不确定性中创造竞争优势，并构建适应变革的组织与个人发展路径。

章珏是我见过的最具这一潜质的实践者代表之一。作为浙江大学管理学院培养的优秀人才，她在求学期间就展现出卓越的问题意识与系统化思维能力。在后续职业发展过程中，她持续在复杂的商业实践中锤炼战略洞察与系统整合能力。从金融到互联网，从 VR/AR 到 AI，她的每一次跨界都伴随着对行业本质的深度探索和认知框架的重构。凭借敏锐的商业洞察和系统思考能力，她在多元实践中不断构建并完善面向未来的新型管理认知体系与方法论。

本书是章珏多年商业实践与理论思考的智慧结晶，不仅系统总结了实战经验，更构建了一套立足现实、面向未来的战略成长体系。全书围绕七大复合力展开，聚焦管理者在真实商业环境中的典型挑战，构建了兼具理论深度与实践价值的成长框架。

- 认知升级：突破思维定式，重构问题意识与决策逻辑。
- 跨界思维：建立多元知识连接，激发创新解决方案。
- 经验转化：提炼关键行为模式，形成可复用的方法论体系。
- 实践融合：促进战略思维与组织行为的有机统一。

这套体系兼具实践指导性和方法论普适性，为管理者提供了一份系统化、可落地的战略成长指南。它不仅帮助管理者在不确定性中建立确定性认知框架，更指引其探索符合自身特点的发展路径，实现持续进化。

《复合成长》一书不仅系统提炼了章珏职业转型过程中的核心能力框架，更为寻求突破的管理者提供了多维度的成长指南。本书立足商业实践，融合系统思维与战略视角，兼具理论深度与实操价值。相信这部著作将成为管理者实现职业跃迁的重要指导——既是思维启迪的源泉，也是方法实践的指南。

愿读者能够通过本书，构建个性化的战略思维体系，探索出独特的复合成长之道。

王宏星

浙江大学管理学院教授

推荐序二

多年后回望当下，我们或许会感慨：能够亲历这场既令人振奋又充满挑战的技术革命，见证它如何重塑世界图景，实属时代之幸。

2022 年 11 月，全球首个对话式人工智能 ChatGPT 问世。人类最本能的交流方式——自然对话，首次在人与机器之间实现。2023 年因此被称为"AIGC 元年"，标志着移动互联网增长放缓之际，人类正式迈入第四次工业革命的新阶段。这一次变革的本质，不再是简单的机器替代人力，而是一个尚未被完全理解的智能形态，正在取代传统的机器范式。

在短短两三年间，生成式人工智能、大数据与数字化转型浪潮以前所未有的速度重塑全球产业格局。面对这场深刻变革，众多职场人士、创业者与管理层都面临着前所未有的挑战与转型压力。他们迫切需要建立新的认知框架与管理范式，以应对日益复杂的商业环境——作为亲历者，我对此深有体会。

怀着求知与探索的心情，我打开了《复合成长》这本书。虽然书名颇具学术深度，但内容却并非传统意义上的教科书，而更像是一部面向未来的实践指南，帮助我们在复杂多变的商业环境中建立清晰的认知框架和发展路径。

作者章珏拥有二十余年跨行业管理实战经验，其职业轨迹横跨金融、互联网、虚拟现实及人工智能等多个领域，展现出卓越的复合型专业素养。本书的核心价值在于，作者通过系统整合跨领域知识体系，运用商业底层逻辑思维，结合实证案例与数据分析，深入解读技术革命带来的产业变革，为读者构建了从认知升级到实践落地的完整方法论框架。

作者提出的"内生式复合成长"能力模型颇具启发性。该模型包含三个核心维度："内生"强调突破认知边界、实现自我驱动的学习进化能力；"复合"体现为跨领域知识融合与持续迭代的能力体系；"成长"则指向在快速变革的环境中构建核心竞争力的过程。

本书的价值不仅在于传授管理知识，更在于构建了一套可迁移的认知框架与能力发展体系。在阅读过程中，我不断标注重点并记录思考，而掩卷之后，新的思考才刚刚开始。某种意义上，这是一部具有开放性的著作——正如作者本人作为持续进化的实践者，通过整合跨领域认知，将抽象的管理理论转化为可操作的实践方法论，为读者指明了一条清晰的成长路径。

作为媒体从业者，我所在的行业正经历着技术变革带来的深刻重构。2023 年，我们创立了聚焦"人工智能与人类智能"的前沿内容 IP，致力于持续追踪并记录这场影响深远的技术革命。通过深入观察，我们发现职场生态、商业格局乃至整个社会结构都在经历一场持续学习与能力升级的转型浪潮。而《复合成长》的出版，恰是对这一时代命题的深刻回应。

期待每一位身处变革时代的管理者与职场人士，都能从本书中获得启发，找到适合自身发展的成长方法论。

赵嘉

《第一财经》杂志总编辑

推荐序三

在北京大学国家发展研究院，我们始终倡导"连接知识与实践、连接中国与世界"的管理者思维体系。近年来，我们敏锐地感受到人工智能（AI）技术生态加速演进，其正在推动组织生态、商业生态与产业生态的深刻重构。作为商学教育的引领者，我们真切地感受到，管理者亟待以一种亲AI的方式，系统性地重构其认知方式与能力集合。

正是在这一背景下，我欣喜地看到章珏女士的新作《复合成长》，提供了及时而珍贵的探索。现代商业迫切需要"复合型领导者"：他们既能洞察趋势、理解技术，也能引导人心、重塑文化；既具备战略远见，又拥有一线判断力与高效执行力。这不仅关乎能力拓展，更关乎底层成长逻辑的转型。更重要的是，AI工具为这种转型提供了强大的助力。毫无疑问，当管理者娴熟地在人机协作空间中穿梭时，他们将能更有效地构建复合能力，实现复合成长。

复合成长的概念充分彰显了人的能动性。针对普遍存在的 AI 职业焦虑，我不厌其烦地向我的学生（主要是管理者）澄清：AI 替代的不是人，而是人做的事；AI 不会也不能替代人，它释放并解放了人的潜能。当然，这一切的前提是：管理者能够通过积极拥抱 AI 获得成长。本书为这一命题提供了具体的操作路径。

作为"复合成长"理念的提出者与长期践行者，章珏女士用自己二十余年积累的企业管理、跨界创新、产业研究等系统经验，回应了 AI 时代管理者的能力转型之问。尤为可贵的是，在本书成稿过程中，她深度访谈了二十多位一线管理者与创业者，获取了大量关于 AI 驱动管理实践的一手资料。进而，书中呈现的不是抽象的成功学模板，而是一系列真实鲜活、充满张力的管理场景：面对不确定性时的抉择、试错与转向，这些共同构成了 AI 时代下管理者"复合成长"的共鸣样本。

阅读本书，你会发现，它既非传统管理工具书，也非焦虑型成长鸡汤。它更像是一本"认知升级＋路径规划＋经验导航"三位一体的成长指南，为每一位处于中层困境、转型期或战略决策期的管理者，提供方法启发与精神支持。

在为北京大学国家发展研究院的学生设计课程时，我们始终强调三种关键能力：洞察未来的远见、带队成事的判断力，以及不断进化的学习力。《复合成长》恰好契合这三点——它是一本 AI 时代管理者的实用手册，也是一位陪你穿越周期的成长伙伴。

　　谨此推荐。愿你从此书中汲取力量，并将这种力量传递给身边的同事、朋友和亲人。让我们与 AI 共舞，携手实现复合成长！

侯宏

北京大学国家发展研究院管理学助理教授，

承泽企业家研修项目学术主任

··· 前言 ···

　　未来已来，人工智能（Artificial Intelligence，AI）正以前所未有的速度重塑商业生态。这场技术革命不仅颠覆了传统商业模式，更对管理者的核心能力提出了全新挑战——单一维度的领导力已难以应对复杂环境，唯有实现"复合成长"，方能突破困局。正如 OpenAI 首席执行官山姆·阿尔特曼强调的"复利效应"：卓越成就源于能力的持续迭代与跨界融合。本书以此为理论根基，系统提出"复合成长"模型，将其定义为 AI 时代企业管理者的必备生存技能，并通过构建从认知升级到战略重构的完整成长体系，为管理者提供面向未来的发展蓝图。

　　在 AI 时代，企业管理者需要积极拥抱 AI 技术。这不仅要求他们为企业构建高效的 AI 团队，更需要将 AI 技术释放的资源重新配置到创新业务领域。这场转型是一场持久战，需要管理者在技术理解、战略制定和管理实践等多个维度实现能力的复合成长。这种复合成长并非简单的知识累积，而是强调能力的跨界融合与持续迭代。管理者只有在技术应用、商业洞察和人文思考等多个领域实现能力的叠加效应，才能有效应对快速变化的市场环境，带领企业在数字化转型浪潮中保持竞争优势。

从优化到创新，再到颠覆，企业模型的每一次迭代都离不开管理者的战略眼光与执行力。在 AI 时代，管理者不仅是领导者，更是技术赋能者、创新推动者与战略引领者。他们必须将 AI 技术与商业洞察深度融合，推动企业实现从数据驱动到智能驱动的跨越。在此过程中，"复合成长"成为 AI 时代管理者的核心能力。本书旨在为读者提供赋能，帮助其理解三个关键维度：AI 时代对管理者的能力要求、管理者应具备的核心特质，以及通过有效路径与真实经验实现自我提升的方法。随着管理者群体年龄结构的年轻化趋势，传统权威型、严肃型的管理者形象正被颠覆，取而代之的是具有跨界创新能力与批判性思维的新生代领导者。那些固守传统管理思维的经验型管理者，正在向技术赋能型、具备战略领导力的"AI 驱动型领袖"转型。

AI 技术的指数级发展正在重塑传统行业边界。数据驱动决策、智能工具迭代、跨职能协作深化等趋势，要求管理者必须突破"专业孤岛"，构建"技术 × 战略 × 人文"的复合能力。理解 AI 工具的逻辑与边界——从机器学习到生成式 AI——技术不再是工程师的专利，而应成为管理者的战略杠杆。管理者的核心挑战在于：如何在数据洪流中提炼商业洞察，将算法预测与行业经验深度融合，从而打造动态敏捷的决策体系。AI 时代的管理更强调情感智能，以有效领导跨代际团队，因此提升管理者能力的"复合性"刻不容缓。在 AI 时代，管理者不仅需要具备卓越的领导力和战略眼光，还需要具备跨学科能力，以应对技术与市场的快速变化。培养管理者的底层逻辑与认知能力，使其能够结构化、逻辑化地自主思考，并清晰区分事实、观点、数据与概念，是实现数据驱动战略的关键。管理者的知识图谱是能力构建的基础框架，本书提出的三个模块、十项能力，正是 AI 时代管理者不可或缺的素质。建立必要的认知体系、工具方法与实践能力，完善管理者能力图谱，是复合成长的第一步。面对快速变化的环境，管理者必须解决三大核心问题，即如何高效决策、引领变革，并持续自我提升。管理者可以通过能力矩阵进行自我评估，明确转型路径，从而有效推动企业的 AI 战略落地与组织变革。

除此之外，AI 时代如何解读管理者的战略定力？管理者又应如何在 AI 时代通过提升学习力实现持续迭代与超越，从而推动企业创新管理？学习力的升级需要一套系统性策略。无论是团队管理、AI 技术应用，还是对领导力、关系网络与资源调配能力的整合，都需置于复合成长框架中实现协同增效。在 AI 时代，学习力已突破传统的"知识更新"维度，进化为"技术敏感度 × 商业洞察力 × 人文通识力"的三元能力模型，并通过跨界融合产生"1+1>10"的协同价值。这种复合型学习力要求管理者以训练算法的思维重塑自我：持续输入跨领域数据、优化认知决策模型、输出创新性解决方案。正如山姆·阿尔特曼所言："指数级增长的本质在于将多元领域的知识转化为解决实际问题的能力。"

管理者需提升艺术与哲学修养，增强人文底蕴。面对客户与投资者时，管理者常需回答三个核心问题："你是谁？你的团队由哪些人组成？你希望带领团队实现怎样的目标？"这要求管理者沉心静气，深入思考自身的定位、初心与愿景，明确"我是谁"与"我想成为谁"。与此同时，管理者需通过情感智能构建高信任团队，借助 AI 工具激发员工创造力，推动组织从"机械执行"转向"智能共创"。这一能力，正是 AI 时代管理者理性智慧的重要体现。此外，沟通能力尤其是演讲能力与谈判技能已成为 AI 时代管理者的必备素养。如何清晰阐释复杂概念？如何让他人理解并认同你的观点？如何将产品成功推向用户与市场？这些能力在管理者工作中至关重要。表达只是起点，传播才是关键。管理者需学会打造个人品牌，优化人际关系管理，以数字化标签重塑行业影响力，并借助人际关系网络的"智能杠杆"，从单点竞争升级为生态赋能。复合成长不仅是个人能力的跃升，更是通过影响力的扩展为企业创造更大价值。当管理者实现复合成长时，其价值将呈指数级释放。

　　本书各章均以"复合成长"为核心框架，从能力构建到实战应用，从决策方法论到人际关系资源拓展，为管理者提供系统化的进阶路径。我们坚信：AI 技术不会取代管理者岗位，但缺乏"复合成长"思维的管理者终将被时代淘汰。在这个加速变革的时代，唯有突破传统边界、实现多维能力的融合共生，方能引领企业在智能化转型中保持持续竞争力。

··· 目录 ···

第 3 章 复合能力图谱：
构建管理者的 AI 时代竞争力矩阵

<table>

第 4 章	复合战略定力： 长期主义与动态应变的组织张力

</table>

复合战略定力：
长期主义与动态应变的组织张力

第8章　复合品牌力：
数字化标签与行业势能构建

第9章　复合成长飞轮：
释放复合人脉力的连接势能

第 **1** 章

AI 时代管理者的复合成长基因：

定位与关键特质

在AI 重塑商业格局的时代背景下，传统管理模式正经历着前所未有的挑战与机遇。作为管理者，要在这一转型浪潮中实现突破，不仅需要具备卓越的战略领导力，更需要构建数据驱动的决策体系，同时肩负起技术革新与伦理治理的双重使命。本章将系统阐述 AI 时代管理者应具备的核心素养与思维范式，帮助其突破传统管理思维的局限，掌握技术赋能的战略领导方法，完成从"经验型管理者"到"AI 驱动型领导者"的转型升级。

1.1

复合成长：管理者的能力进化逻辑

在 AI 时代，企业管理者正经历一场深刻的能力转型革命。传统管理能力在技术变革浪潮中快速迭代，唯有通过"复合成长"实现跨领域能力整合与持续升级，方能有效应对能力迭代挑战，在智能化转型中把握战略主动权。

1.1.1　AI 时代的"能力淘汰危机"

随着 AI 技术在管理领域的深度应用，部分传统管理职能正面临被技术替代的挑战，特别是那些以基础数据分析和程式化决策为主要特征的岗位。研究表明，AI 在替代高重复性、低创新性的管理职能方面展现出显著优势。具体而言，常规性财务审计、供应链动态监控、库存智能管理等业务流程，已能够通过 AI 系统实现自动化处理。这种技术替代不仅显著降低了人为操作失误率，同时提升了决策效率与精确度，有效减轻了管理者的事务性工作负担。

同时，AI 对传统管理范式的颠覆也不容忽视。通过实现从经验驱动向数据驱动的范式转换，AI 不仅显著提升了决策效率与精准度，更在企业管理全流程中引发革命性变革。从战略规划、团队协同到客户价值挖掘，AI 技术正系统性重构管理场景，推动企业运营效能实现质的飞跃。值得注意的是，这种技术变革同时引发了管理者群体的"能力迭代危机"。未来，企业管理者亟须思考：如何借助 AI 技术强化其战略洞察力与跨部门资源整合能力，这将成为应对智能化转型的核心命题。

1.1.2　管理者必须回答的 AI 之问

随着 AI 技术的快速发展，企业面临的挑战与机遇日益凸显。管理者不仅需要紧跟技术进步，更应深入思考 AI 对企业战略、组织架构及伦理规范的深远影响。

在 AI 时代，企业管理者必须回答以下关键问题，以确保企业在未来竞争中占据优势地位——您的企业是被 AI 颠覆，还是主动运用 AI 实现变革？在这场 AI 革命中，企业面临两种选择：一是被动接受 AI 技术带来的行业颠覆，二是主动运用 AI 技术推动行业变革。这一抉择直接关系到企业的生存与发展，其关键在于管理者能否准确预判 AI 技术对行业格局的重构潜力，并在战略布局中抢占先机。为此，管理者需要从以下三个层面进行系统思考。

第一，战略层面：我所在的行业未来三年会被 AI 如何重构？

AI 正以前所未有的速度重塑全球产业格局，消费、物流、医疗、金融等关键领域正在经历深度变革。对此，管理者亟须思考：未来三年内，AI 将如何重构本行业生态？这种影响将体现为渐进式的生产力提升，还是引发行业价值链的根本性重构？相关研究表明，AI 技术正在从如下三个维度推动产业变革。

（1）服务模式创新：字节跳动的智能推荐算法实现了内容分发的"千人千面"，标志着服务颗粒度从标准化向个性化的重要突破。

（2）供应链重构：拼多多 C2M[①] 模式通过 AI 需求预测直接连接工厂与消费者，显著压缩了传统供应链的中间环节。

（3）商业模式转型：三一重工通过工业物联网构建 AI 能效管理平台，实现了从设备销售到数据服务的盈利模式升级。

值得注意的是，AI 技术应用的差距正在加剧行业分化。以汽车行业为例，新兴电动车企在自动驾驶研发上的投入占比显著高于传统车企，部分企业甚至达到数倍差距，加速行业分化。物流领域的技术突破尤为显著，如京东物流通过 3D 机器视觉分拣系统实现效率提升 200%～500%；智能无

---

① C2M 是 Customer-to-Manufacturer（顾客对制造商）的缩写，是一种新型的工业互联网电子商务商业模式。

人配送网络已在全国多个城市试点，末端成本大大降低；AI 补货系统将某些品类的库存周转周期压缩至 31 天（行业平均 45 天）；整体物流费用率从 7.3% 降至 5.5%，构建起"算法 + 仓配"的核心竞争力。在全球范围内，自动驾驶技术正在重塑物流体系。以美国图森未来为代表的企业正在推动自动驾驶卡车在干线物流中的应用。预计到 2030 年，自动驾驶技术有望使物流总成本降低 25% ～ 30%，这种技术突破不仅优化了运营效率，更将重构整个行业的竞争格局。

管理者需要深入思考：AI 技术将如何重塑本行业的竞争规则？是否存在被新兴 AI 企业颠覆的风险？如何将 AI 转化为战略性的竞争壁垒，而非仅作为效率工具？

在 AI 时代，企业战略的核心在于：如何通过技术创新构建难以复制的商业护城河，而非简单实现流程自动化。这一命题值得所有行业管理者深思。

第二，组织层面：如何平衡 AI 自动化与员工归属感？

在 AI 技术的推动下，众多企业正积极引入自动化，以提升运营效率。然而，自动化带来的不仅是效率提升，更引发了员工角色的深刻变革。如何平衡 AI 自动化与员工归属感，已成为企业数字化转型过程中必须解决的关键问题。例如，亚马逊在仓储系统中大规模应用机器人后，虽然显著提升了物流效率，却引发了员工对工作压力加剧和岗位替代风险的强烈不满。这一现象警示企业：在推进 AI 应用时，必须同步关注员工的情感需求与职业认同感。

海尔集团在数字化转型过程中，通过"人单合一"机制与智能系统的深度协同，有效推动了智能制造的落地实施。以青岛海尔冰箱互联工厂（世界经济论坛认证的"灯塔工厂"）为例，其关键产线的自动化率在 2023 年已达到 72%。在员工转型方面，海尔与华为等企业合作搭建了工业 AI 实训平台，覆盖超过 80% 的一线员工。核心岗位人员已熟练掌握设备预测性维护、视觉质检等数字化技能。内部统计数据显示，2023 年员工提出的产线优化方案采纳率较 2022 年增长 40%，同时员工留任率提升了 15 个百分点。

这一案例表明，企业的数智化升级需要配套实施以下策略：首先，建立透明化的沟通机制，如定期举办转型说明会；其次，开展阶梯式技能培训，根据不同岗位需求设置分层课程；最后，推进人机协同试点项目，如采用 AR 技术辅助质量检测等。

在具体实施层面，领先企业已探索出多种有效的 AI 人才培养方案。以比亚迪为例，该公司采用"技术传帮带"模式，组建了由算法专家、业务骨干和生产人员共同参与的协同团队，并专门设立"数字导师"岗位，推动经验知识的数据化沉淀。同时，比亚迪将技能认证体系与员工职业发展通道深度绑定，有效增强了员工的转型动力。

小米则采取了不同的培养策略，为关键岗位员工提供阶段性脱产学习机会，并与高校合作开设 AI 认证课程，确保员工的技术能力与业务需求同步提升。

华为在推进数字化转型过程中，实施了"全员数字化能力提升计划"。该计划设计了分阶段的 AI 与云计算培训路径，并将培训成果与员工晋升机制直接挂钩，从而构建起长效的学习文化体系。实践表明，AI 技术的引入不仅是一次技术层面的革新，更是对企业组织能力的系统性重构，这要求企业必须建立持续学习与系统培养的长效机制。

企业管理者应当主动运用 AI 技能矩阵工具，明确梳理各岗位的能力需求，并基于员工个体差异，制定个性化的学习发展路径，从而有效推动组织整体 AI 素养的全面提升。

值得注意的是，AI 技能培训不应局限于技术岗位人员，而应覆盖所有业务线的员工。只有当全体员工都能理解 AI 如何赋能业务决策时，组织才能真正实现智能化协同运作。这种系统化、全员参与的人才培养策略，是实现"人机协同"和组织可持续发展的关键要素。同时，完善的培训体系正日益成为企业吸引和保留人才的重要竞争力。

以麦当劳为例，这家全球连锁餐饮企业高度重视员工能力建设。通过以"汉堡大学"为核心培训平台，结合"麦麦e学"等线上学习系统，麦当劳构建了涵盖数据分析、心理学、沟通技巧、管理能力等多元化课程的学习体系。数据显示，该企业每年投入的培训时长累计超过 230 万小时。这种持续性的投入不仅显著提升了员工的专业技能，更有效增强了员工的归属感和忠诚度。

事实证明，企业为员工提供的职业发展路径越清晰，其工作积极性和创新潜力就越强。在 AI 技术带来效率提升和岗位调整的背景下，企业只有通过系统化的培训机制充分激发员工潜能，并构建"复合成长"的组织文化，才能在数字化转型过程中保持人才队伍的稳定性，从而赢得长远发展。这种良性循环机制，正是 AI 时代企业实现可持续发展的关键保障。

第三，伦理层面：管理者是否应为 AI 错误决策担责？

随着 AI 系统在决策中的作用日益凸显，管理者是否应对 AI 导致的错误决策承担责任，已成为亟待解决的关键问题。AI 系统可能因数据偏差、算法缺陷或外部环境变化而产生错误判断，进而影响企业决策和业务运营。以特斯拉自动驾驶系统为例，其算法问题曾引发多起交通事故，导致公众对事故责任归属产生广泛争议——责任主体究竟应归属于汽车制造商特斯拉、算法开发公司，还是企业管理者个人？这一问题已成为法律与伦理领域的重要议题。在此背景下，企业管理者必须明确界定 AI 决策过程中的责任边界，通过建立完善的技术合规性与安全性保障机制，有效规避潜在的法律风险与声誉损失。

总之，对企业管理者而言，AI 不仅是未来竞争的核心工具，更重塑了行业格局、员工角色及企业的伦理边界。管理者必须打破技术应用的单一视角，深入理解 AI 对企业战略、组织架构与伦理决策的深远影响。从战略规划到组织变革，再到伦理治理，每一个层面都需要管理者以全局思维进行系统性思考与布局。唯有如此，企业才能在 AI 浪潮中把握机遇、应对挑战，实现可持续发展。

1.1.3　从危机到机遇：管理者的 AI 生存法则

近期互联网企业频繁的裁员动作，引发了高管圈层关于职业发展路径的深度思考。在一次高管聚会中，关于选择专业线（P 线）还是管理线（M 线）更能确保职业安全的话题，引发了热烈讨论却难有定论。这个困扰从初入职场延续至管理岗位，始终是职业发展中的经典命题。

专业线要求从业者具备深厚的专业能力，特别是在关键时刻能够凭借专业优势解决企业难题。这类人才的价值在于其不可替代的专业贡献，属于典型的"单兵作战型"人才。而管理线则强调通过团队协作达成目标，管理者的绩效不仅取决于个人能力，更取决于所带领团队的整体表现。

就职业安全性而言，两条路径各有利弊。但从企业视角分析，管理线高管的不可替代性往往更强。管理线高管通常负责重要业务板块，管理多个团队，其岗位变动可能引发团队震荡甚至业务波动，因此企业调整管理线高管的决策成本更高。然而，管理线高管也承受着更大的压力，既要向上管理又要向下负责，在业绩不理想时首当其冲。相较之下，专业线高管在组织架构调整时往往拥有更多的选择空间。

AI 时代对管理线高管的能力要求更为严苛：既要保持专业线高管的专业深度，又要具备复合型管理能力，只有这样才能在变革中建立真正的职业护城河。这种"专业＋管理"的双重能力矩阵，正在成为高管群体应对行业变局的核心竞争力。

我曾向一位专注 AI 领域招聘的资深猎头请教："AI 时

代的高管通常来自哪里？这类人才能否通过管理者身份自然成长？"他的回答颇具启示："传统大企业的高管往往只是接手现成团队进行管理，这种模式与 AI 时代的企业需求存在明显差距。目前市场上没有现成的 AI 高管模板。我们通常会从前沿科技创新企业和大型科技企业的创新部门中物色人选。"他特别强调："这类高管的成长路径必然是'内生型'的。由于缺乏可参照的模板和标准化培养体系，他们必须通过自主探索、持续学习来构建独特的竞争力，从而提升自身的市场价值。"因此，在 AI 时代，无论是专业线高管还是管理线高管，"内生式复合成长"已成为重要的职业生存法则。这种成长模式强调主动突破传统边界，通过持续的知识迭代和能力升级，在快速变革的环境中建立真正的不可替代性。

当前自媒体已成为信息传播的重要渠道。某天早上浏览朋友圈时，我注意到一则关于 S 总（投资企业创始管理合伙人）的专访视频。在访谈中，他系统回顾了其企业 20 余年的发展历程：2004—2010 年专注于助力民营企业的境外上市业务；2010—2016 年顺应中国互联网崛起趋势转型早期投资；2016 年起进行战略调整，将投资版图拓展至新能源新材料、大健康、硬科技及大消费四大领域；如今则全力聚焦科技创新赛道，深度参与技术革新的时代浪潮。

与 S 总的相识始于 2008 年。当时我正在美国求学，尚未毕业便接到国内一家民营企业的境外上市工作邀请。这家企业恰是 S 总所在机构服务的客户。想到金融课堂上所学的 IPO[①] 理论即将转化为实践，甚至能直接参与上市项目，我在参加完毕业典礼后便立即启程回国，来不及与同学们道别。第一次见到 S 总，是在我刚刚倒完时差、读完公司提供的大量资料后的第一天。那天，我根据所阅材料整理了一份简要的企业介绍方案。S 总来到我的办公室，简单翻阅了我的方案，并未多言，但我们的合作就此展开。项目结束后，我们各自忙碌，再次相见已是多年后。那时，他的企业已从财务管理领域转型至投资领域。在杭州的办公室里，我们聊起转型的话题，他坦言："这条路，我们走了十年才找到方向。"在与 S 总的交流中，我深刻感受到他对"周期"概念的重视。他习惯以长远的视角审视问题，将时间线拉长，或许这正是卓越投资人的特质之一。

在探讨 AI 时代的投资周期时，S 总曾强调："真正的风险不在于技术迭代本身，而在于当浪潮来临时，你却选择驻

①　IPO 是 Initial Public Offerings 的简称，中文译作首次公开募股。

足观望。"这一观点从投资视角精准揭示了 AI 时代企业面临的核心悖论——技术颠覆既是生存威胁，更是战略机遇。同时，他还指出，当前许多企业管理者对 AI 的认知仍停留在工具层面，仅将其视为"效率优化手段"，而忽视了其重构行业价值链的深层潜力。这种认知局限将导致企业陷入双重困境：若无法跨越思维鸿沟，组织将面临系统性危机；而主动拥抱变革者，则能开辟全新的价值增长空间。

麦肯锡研究显示，全球 65% 的 AI 应用集中于行业头部企业（数据来源：麦肯锡《2023 年 AI 应用全景报告》），这一现象印证了技术红利正加速"马太效应"的形成。值得警惕的是，传统企业若仅将 AI 定位于"成本削减工具"，将彻底丧失战略主动权——AI 的核心颠覆力在于其重构行业价值链的能力，甚至能打破既有的产业边界。

例如，沃尔玛集团通过 AI 驱动的供应链优化使成本降低 20%，其旗下山姆会员店更进一步：基于 AI 消费趋势预测模型，在中国一二线城市布局"云仓"前置履约中心，将高频商品提前下沉至社区节点，实现会员订单"一小时达"服务。该模式不仅使库存周转效率提升 35%，更通过精准满足高净值用户对即时性和差异化的需求，推动付费会员数量三年内增长 200%（数据来源：沃尔玛 2023 年度财报）。无

015

独有偶，阿里巴巴集团旗下盒马鲜生通过 AI 算法将选品准确率提升至行业领先水平，并基于消费数据反向定制"盒马工坊"等自有品牌体系，使生鲜品类毛利率突破 25%（传统商超行业平均毛利率不足 15%）。这些实践标志着零售业竞争范式已从单纯的"货架争夺"升级为"数据—供应链—用户"三位一体的生态竞争。当 AI 技术逐渐成为商业基础设施时，所有企业都面临被跨界竞争者"降维打击"的风险。这一趋势预示着：缺乏价值链重构能力的企业，终将在新一轮产业变革中失去生存空间。

在危机应对中，先行企业通过"战略重构—组织进化—价值重塑"的闭环机制成功把握发展机遇。S 总团队投资的专注于"AI+ 清洁能源"的科技公司即是典型案例：该公司 CEO 运用 AI 技术模拟全球政策演变趋势，提前三年布局氢能技术研发，并创新性地设立"人机协同决策委员会"，明确界定 AI 系统与管理者的权责边界。值得注意的是，该公司还将算法透明度要求写入公司章程，以此构建差异化的公众信任体系。

S 总指出，部分企业管理者将 AI 决策支持系统视为管理权威的威胁，而非领导力升级的赋能工具。研究表明，AI 在决策透明度方面正逐步获得员工认可。《2023 年德勤全球人力资本趋势报告》显示，62% 的员工认为 AI 工具能够有效减少人为主观因素的影响，尤其在数据驱动型任务（如绩效评估、风险审核）中表现出更强的客观性。

然而，实践中 AI 应用的落地阻力可能带来显著损失。以银行业为例，欧洲央行数据显示，2020—2022 年，未采用 AI 信贷模型的银行平均坏账率比 AI 试点银行高出 30% ～ 40%（传统模型坏账率为 5.1%，而 AI 模型仅为 3.6%）。这一数据差距充分凸显了企业加快采纳 AI 技术的紧迫性。

S 总强调："这种现象实质上是对'决策时滞效应'的警示：当机器学习模型能够实现小时级的迭代优化时，依赖传统经验、以月度为周期的决策机制将成为企业发展的重大瓶颈。"

S 总在企业 20 周年庆典的内部信中写道："穿越经济周期的不是技术本身，而是人类驾驭技术的智慧。"AI 时代的领导力革命，本质上是管理者认知范式的升级——从追求短期业绩转向构建组织与技术的共生生态，从被动适应变化转向主动塑造未来规则。当管理者将 AI 视为"第二大脑"而非替代威胁时，企业才能真正获得跨越技术周期的能力。

这让我想起 2008 年，企业筹备法国上市时的场景：无数个深夜，我和 S 总的财务团队、新加坡会计团队、法国审计团队反复核对数据。在那些关键节点上，最重要的不是数据本身，而是向团队解释数据背后的逻辑和意义。在 AI 时代，要想成为"不可替代"的管理者，无论是走专业线还是管理线，都必须主动转型——拥抱变化、持续学习、叠加能力，在自己的领域创造跨越周期的长期价值。真正的变革，始于领导者放下经验包袱、鼓起拥抱不确定性的勇气。AI 不会取代管理者，但善用 AI 的管理者必将超越那些固守旧思维的人。

1.2
复合成长型管理者的关键特质

在 AI 时代，管理者的能力进化已不再局限于单一领域的专业能力，而是需要通过"复合成长"实现跨界融合与迭代升级。复合成长型管理者的关键特质体现在四个方面：战略眼光与前瞻性思维、创新精神与变革勇气、数据驱动与理性决策、共情力与领导的亲和力。同时，管理者还需构建适应 AI 时代的思维模式，包括技术理解力、系统思考能力和持续学习意识。具备这些特质与思维，不仅能使管理者在技术颠覆中保持竞争优势，更能带领企业在复杂多变的环境中实现可持续增长。

1.2.1　如何迈向管理者之路

在当今企业环境中，晋升为管理者已不再仅依赖于卓越的管理技能或专业能力，而是一个涉及多重维度的系统性过程。这一过程需要精准把握职业机遇、持续构建影响力网络、深度经营人际关系，以及在快速变革的环境中保持持续进化。特别是在 AI 与数字化转型浪潮的冲击下，管理者角色的内涵与胜任力模型正经历着根本性重构。

需要强调的是，管理者晋升绝非线性跃迁，而是呈现为螺旋式发展的成长轨迹。这一轨迹包含但不限于以下关键要素：对行业变革的前瞻性洞察、领导力的系统性锻造、战略决策能力的持续精进、组织协同效能的提升，以及行业话语权的战略性构建。每个成功的晋升案例背后，都体现着对商业本质的深刻理解、对组织使命的责任担当、对团队价值的赋能意识，以及对产业生态的塑造能力。

在现代企业管理体系中，管理者的角色定位已实现质的跃升——从传统的执行管理者转型为企业战略的核心架构师与变革推动者。要跻身管理层行列，首要任务是构建前瞻性的战略思维体系。优秀的管理者往往具备三大核心能力：洞悉行业发展趋势、预判技术迭代方向、把握市场需求变化，并据此构建快速响应机制，形成具有战略纵深的前瞻决策体系。这一能力体系的建立，要求管理者既具备宏观产业格局的洞察力，又能在企业转型关键期精准识别并把握战略机遇。当企业面临重大战略抉择或突发危机时，管理者的决策质量往往成为职业发展的分水岭。此时，能否保持战略定力、系统分析问题本质、提出创新性解决方案，并有效凝聚团队共识推动落地，不仅考验着管理者的核心胜任力，更可能成为职业晋升的决定性突破点。

值得注意的是，管理者的职责范畴已从常规运营管理，升级为战略级项目的责任担当与价值创造。在重大战略项目推进过程中，主动承担关键角色并确保成功交付，不仅能加速管理者候选人的能力跃迁，更能通过可量化的业绩成果，向决策层证明其具备承担更高战略责任的领导潜力。

在 AI 时代，管理者不仅需要具备卓越的战略思维，还要能够从宏观视角把握企业发展，兼具长远眼光与敏锐的市场洞察力，及时捕捉技术趋势。面对复杂问题，管理者应具备把握发展方向的能力，为企业的可持续发展指明方向。同时，在决策过程中，管理者需要统筹考量多方因素，确保企业战略目标的实现。优秀的管理者能够带领团队在高压环境下稳健前行，并做出具有前瞻性的战略决策。此外，跨部门协作能力已成为衡量管理者领导力的关键指标。高效的跨部门协作不仅有助于推动企业整体战略落地，更能体现管理者在资源整合、团队协调与关系管理方面的卓越能力。

作为管理者，了解企业内部的资源配置、关键决策机制及各部门运作至关重要。与各层级管理者和核心团队成员建立互信关系，不仅能有效推动战略落地，更能为职业发展创造有利条件。管理者需构建内外双重影响力网络：对内要通过卓越业绩和团队建设树立威信；对外应积极参与行业峰会、专业论坛等活动，拓展人际关系资源，以把握行业趋势，并为企业发掘潜在合作机遇。在职业发展路径上，寻求资深管理者或行业领袖作为导师至关重要，他们的经验指导能帮助规避管理陷阱，优化职业规划。

值得注意的是，管理者权威的建立不应依赖职位权力，而应通过以下方式实现：在战略项目中展现卓越的领导力与执行力，持续创造可量化的业务成果，培养高绩效团队。同时，需要与上级领导保持良好的沟通，并通过以下行动赢得信任：深度理解并贯彻企业战略意图，定期进行建设性工作汇报，以实际贡献证明对组织长期价值的提升。

　　成为企业管理者并非职业发展的终点，而是开启了一段更为复杂的成长历程。管理者除需深耕本行业知识外，还应积极拓展跨领域能力，如数据分析和 AI 应用等前沿技能。通过系统性地参与专业课程或高阶培训，持续完善自身能力，以在快速迭代的市场环境中保持核心竞争力。

　　作为企业战略的决策者，管理者同时承担着行业意见领袖的角色。主动参与行业峰会、发表专业见解或进行公开演讲，有助于塑造个人品牌影响力。这种影响力不仅能巩固其行业领军地位，还可为企业撬动更多战略资源与合作机遇。值得注意的是，管理者职位往往伴随着高强度的工作压力。因此，建立科学的身心健康管理机制是可持续发展的关键保障。通过维持良好的身体机能与心理韧性，管理者才能更高效地应对复杂挑战，实现职业生涯的长期价值输出。

1.2.2　管理者气质新规则指南：AI 时代的领导力特质

　　在与 S 总的交谈中，我问他："在 AI 时代，管理者应当具备哪些核心特质？此外，贵司近期策划的'了不起的她'系列中提到的高科技行业的女性管理者，她们展现出哪些共同特质？这些特质又是如何形成的？"

　　S 总沉思片刻，回答道："在 AI 时代，管理者的角色已经超越了传统意义上的管理与决策。随着技术尤其是 AI 的深度应用，企业领导者的职责正在发生根本性变革。"他进一步阐述："当代管理者不仅需要扎实的专业素养，更需要具备适应新时代的领导力特质。当 AI 重塑商业底层逻辑时，对管理者能力的定义也正在经历范式转变。"稍作停顿后，S 总总结道："我认为，AI 时代的管理者必须具备以下四个关键特质。"

　　（1）战略眼光与前瞻性思维：AI 技术的指数级发展正在加速产业变革，优秀的管理者必须培养敏锐的行业嗅觉，既要预见技术革新带来的机遇，也要预判潜在挑战。

　　（2）创新精神与变革勇气：变化和创新是 AI 时代的主旋律。优秀的管理者需要在保持企业稳健运营的同时，展现出应对技术革新、业务转型和文化重塑的卓越适应力。

　　（3）数据驱动与决策的理性：在 AI 时代，数据不仅是企业的重要资产，更是战略决策的基础。管理者需要具备双重能力：既要掌握数据解读的技术维度，更要培养基于数据的决策智慧。AI 技术虽然极大提升了决策效率和精准度，但在面对复杂商业环境时，真正考验的是管理者的数据洞察力，即从海量信息中识别关键趋势的能力。

（4）共情力与领导亲和力：在 AI 驱动的商业变革中，共情力与领导亲和力正成为管理者不可或缺的软实力。技术革新在提升效率的同时，也带来了劳动力市场的结构性变化。优秀的管理者不仅要考量企业效益，更要展现出对员工发展和社会需求的人文关怀。这种特质在女性管理者身上往往体现得更为显著。女性管理者之所以能在学术与产业领域取得双重成就，很大程度上得益于其卓越的共情能力。在引领技术突破的同时，她们始终重视团队建设，关注每位成员的职业发展，这种以人为本的领导风格正是 AI 时代所需要的平衡智慧。

我继续追问："在 AI 时代，女性管理者群体展现出哪些独特的领导气质？"S 总回应道："从我们投资的一些企业的女性管理者视角，我发现她们确实呈现出一些显著的特质优势。主要体现在三个方面：第一，直觉敏锐与共情优势。女性管理者往往具备更强的环境感知能力，这种特质使她们在复杂商业环境中，既能准确把握团队需求，又能敏锐捕捉市场变化。她们的决策过程往往融合了理性分析与人性化考量。第二，协作型领导风格。与传统的指令式管理不同，女性管理者更注重团队能力的整体提升。在 AI 技术快速迭代的背景下，这种强调协作、培养成员自信的领导方式，恰恰符合跨部门协同创新的需求。第三，持续学习特质。数据显示，女性管理者在知识更新和专业深造方面投入更多，这种学习力在技术驱动型行业中尤为重要。"

S.总略作沉思后，继续深入分析："这些独特气质的形成，往往与个人经历、社会责任感及对行业的深刻理解密不可分。许多女性管理者将技术创新与社会价值创造紧密结合，这种双重追求推动着她们不断突破自我。"

1.2.3 打造 AI 时代的管理者思维

在 AI 时代，企业管理者不仅是决策者，更是变革的引领者。为应对不确定性和复杂性，管理者需具备多维度的思维能力：战略决策思维能力、人本领导思维能力、黑客思维与批判性思维能力、逆向思维与多角度思考能力，以及情感智能力。这些能力将助力管理者推动企业创新与成长。面对技术变革，管理者既要应对挑战，更要把握机遇，从而引领企业在 AI 时代实现持续发展。

（1）战略决策思维能力：在 AI 时代，企业管理者必须具备前瞻性战略思维，能够超越短期利益，洞察未来的市场变革与技术演进。战略决策的核心不仅在于解决当下问题，更在于预判行业发展趋势，并据此制定具有可持续性的战略规划。管理者需要立足宏观视野，统筹团队目标、市场动态与企业长期发展战略，构建科学决策体系。AI 技术的深度应用为战略决策提供了革命性工具。通过先进的数据分析与预测建模，管理者能够获得更精准的决策依据。

①数据驱动：AI 工具可整合多维数据，量化分析市场趋势。

②风险预判：机器学习模型能识别潜在风险因素，降低决策不确定性。

③技术预见：通过技术发展轨迹分析，预判产业变革方向。

（2）人本领导思维能力：AI 时代的管理者必须具备人本领导思维，将管理重心从单纯的任务导向转向对团队成员成长需求与心理状态的系统性关注。这种领导范式超越了传统管理范畴，本质上是基于组织行为学和积极心理学构建的赋能型管理哲学。随着 AI 对传统岗位的持续重构，工作内容智能化转型带来两个方面的演化：一方面，岗位胜任力模型发生根本性变化；另一方面，员工对职业发展的诉求呈现多元化特征。这就要求管理者建立双轨制管理机制——在确保绩效产出的同时，需构建包含情感支持、职业咨询和心理疏导在内的全周期员工发展体系。

（3）黑客思维与批判性思维能力：在 AI 时代的复杂决策中，管理者需要兼具黑客思维与批判性思维。黑客思维强调突破传统路径依赖，以开放态度探索创新解决方案，通过快速试错实现持续优化；批判性思维则要求系统性质疑既有假设，多维度审视问题本质，识别潜在风险与创新机遇。这两种思维模式的结合，能够帮助管理者在动态商业环境中保持战略敏捷性与创新驱动力。AI 技术既带来颠覆性机遇，也伴随重大风险。管理者应运用批判性思维构建风险识别框架，同时借助黑客思维推动组织创新，即通过敏捷迭代优化产品服务，以最小可行方案验证商业假设，实现业务流程的持续升级。

（4）逆向思维与多角度思考能力：在 AI 时代的复杂决策环境中，管理者需构建逆向思维与多角度思考的复合认知能力。逆向思维强调突破线性逻辑，从问题的对立面或反向路径进行推演，以此打破传统思维定式，发掘创新性解决方案。在技术迭代加速、市场竞争白热化的背景下，这种思维模式能够帮助决策者规避路径依赖，识别潜在机遇，从而增强企业的战略灵活性。多角度思考则帮助管理者从多个维度分析问题，避免单一视角造成的思维偏差。通过这种思维方式，管理者能够在竞争激烈的市场中找到新的增长点，推动企业的可持续发展。

（5）情感智能力：在 AI 技术快速发展的时代背景下，企业管理者需要具备卓越的情感智能力。这种能力主要体现在三个方面。第一，敏锐感知能力。管理者应当及时关注团队成员的情感需求和心理状态变化，准确识别由技术变革引发的员工焦虑情绪。第二，氛围调节能力。通过建立支持性、包容性的工作环境，有效维护团队凝聚力和向心力，妥善处理员工与管理层之间的互动关系。第三，问题解决能力。能够及时发现并化解团队中的潜在矛盾，持续增强团队协作效能。具备情感智能力的管理者，不仅能够帮助团队应对技术变革带来的挑战，更能显著提升组织运行效率和员工职业幸福感。这种领导方式对于企业在数字化时代的可持续发展具有重要战略价值。

在 AI 时代，商业领域正经历着一场深刻的认知范式转变——从确定性思维向概率性思维的演进。面对高度不确定且快速变化的商业环境，管理者的核心竞争优势已发生根本性转变：传统的逻辑推演和经验判断能力已不足以应对新挑战，取而代之的是在信息模糊与碎片化的情境中，快速适应环境变化、灵活调整策略并基于数据科学做出决策的能力。

在美国攻读 MBA 金融课程期间，我发现一个值得深思的现象：面对完全相同的财务数据和商业案例，不同讨论小组却经常得出迥然不同的投资结论。这一经历让我深刻认识到决策过程中存在的主观性因素。

后来在评估一个现金流投资项目时，虽然我已形成初步判断，但仍特意邀请了一家知名投资公司的专业团队进行独立评估。在项目讨论会上，投资经理经过详尽测算后给出了"项目整体表现一般"的结论。然而该公司总裁却意味深长地指出："她（指投资经理）的投资决策，和其他人的投资决策，完全是两回事。"这句话令我恍然大悟：在相同的数据基础上，真正的认知差距实际上体现在面对不确定性时的决策能力差异。

在 AI 时代，"模糊情境下的决策能力"显得尤为关键。当管理者基于现有数据规划未来发展路径时，必须建立"概率化判断"的思维模式和"快速试错"的决策机制。这种转变不仅代表着决策方法的升级，更体现了认知范式的根本性革新。

未来真正具备领导力的管理者，必然是那些能够主动拥抱不确定性、适应随机性变化，并善于运用全新思维模式重构决策逻辑的先行者。

成长赋能

✳ 复合型管理力来自三件事：认知升级、方法积累和长期自我修炼。

✳ 在 AI 时代，优秀的管理者不会被技术取代，而是能够充分发挥 AI 与人类协同效应的人。

✳ 每一次有效的沟通、每一个明确的边界，都是您成为优秀管理者的肌肉训练。

✳ 优秀的管理能力并非与生俱来，而是可以通过系统学习和持续实践来培养的。管理的思维形式是一个循序渐进、熟能生巧的过程。

✳ 优秀管理者的能力并非天赋异禀者的专利，而是可以通过后天习得的。要成为优秀的管理者，关键在于在行为模式、语言表达和外在形象等方面持续提升，塑造独特的领导风格。

第 **2** 章

复合决策力:

AI 赋能的敏捷战略与数据驱动

在AI 时代，管理者决策正经历从经验直觉向"复合决策力"的转变。这一能力融合了数据驱动的精准分析与敏捷战略的动态调整。面对数据过载与市场剧变，AI工具帮助管理者穿透复杂环境，建立"假设—验证—迭代"的敏捷决策模型，从而降低试错成本并加速战略实施。复合决策力的核心在于：以商业洞察优化 AI 算法，以人性价值观应对不确定性，最终在快速变化的商业环境中锁定最优路径。

2.1
数据驱动的决策革命

在 AI 时代，管理者决策的核心在于成为"复杂系统的认知桥梁"——既要掌握算法语言（数据特征、模型置信度），又要坚守人类价值观（长期发展、社会责任）。

2.1.1　AI 如何重构管理者决策模式：从经验直觉到算法辅助

企业管理者的核心职能始终是决策，尤其是高风险决策。在 AI 时代，管理者决策正经历根本性变革——从传统的"直觉博弈"转向"数据推演与人机协同"的新型决策模式。

（1）数据驱动决策的转型：AI 技术正在重塑企业决策模式，其核心在于实时整合多源异构数据（包括供应链日志、社交媒体舆情、卫星图像等），构建动态分析模型，从而显著降低对历史经验的依赖。在具体实践中，行业领先企业普遍采用"AI 辅助决策＋人工专业复核"的混合模式。

例如，福特汽车在 2022 年全球供应链危机中，通过 AI 实时分析社交媒体舆情（如车主投诉关键词）和交通物流数据，动态调整芯片分配策略。这一举措使关键工厂的芯片供应准确率从 65% 提升至 89%，部分产线库存周转周期缩短达 50%。海尔集团依托卡奥斯工业互联网平台，整合生产数据、用户行为数据及外部环境数据，将需求预测误差率从 35% 降至 12%。该平台支持最少 100 台起订量的柔性生产模式，彻底改变了传统基于历史订单的预估方式。

（2）动态排演替代静态规划：数字孪生技术通过虚拟仿真为企业提供了快速测试生产策略和预判风险的能力。以某德国领先汽车制造商为例，该企业运用 AI 数字孪生系统，在 10 分钟内成功模拟了 10 余种不同的生产方案，并识别出 40 多个潜在瓶颈（包括设备利用率峰值、物流延迟等问题）。通过这一技术应用，该企业最终将某车型的交货周期从 14 天缩短至 6 天，实现了 57% 的效率提升。在实践层面，宁德时代通过部署数字孪生系统，实现了工厂数据（包括设备运行参数、原料库存、订单池等）与外部数据的实时同步集成，从而能够快速响应客户需求变化，如成功应对特斯拉临时追加订单等突发情况。

（3）人机协同替代单向指令：企业决策模式正从"人类主导"向"算法建议与人工校准"转变。以比亚迪为例，其管理层定期（如月度）召开跨部门会议，针对算法识别的供应链风险预警，结合全球业务经验和地缘政治洞察等人为判断，持续优化决策模型。2022 年，该模式帮助其将芯片短期影响降低 30%（对比行业平均水平）。

（4）管理者角色进化：企业管理者的角色正经历深刻转型，从传统的"决策制定者"转变为"规则定义者"和"不确定性管理者"。以宁德时代为例，其管理层制定了明确的

"战略优先级规则"（如规定"海外扩产选址需满足：政策稳定性和绿电供应等维度，具体权重未公开"），AI 系统据此在全球范围内筛选出多个候选地点，动态评估各维度得分并在此基础上结合非量化因素（如当地劳工政策）决策，使选址评估周期缩短 60%。这一实践表明，AI 正在推动决策从经验艺术向数据科学转变，而管理者的核心价值则体现在以人性智慧校准算法、以战略远见驾驭数据。具体分析如下。

1. AI 决策系统中实践范式的架构模型

（1）数据感知层：多模态数据融合（卫星图像分析工厂开工率、B 站 UP 主测评预测产品热度）。

（2）智能推演层：基于国产技术框架构建的产业级决策模型，已具备支持亿级变量实时计算的能力。以百度飞桨为例，这一自主研发的开源深度学习框架（对标 Google TensorFlow 和 Meta PyTorch）提供了从模型开发、训练到部署的全流程工具链，并针对产业级 AI 应用进行了专项优化。

（3）人机交互层：企业决策支持系统正迎来交互方式的革新。以三一重工的"重卡产能决策沙盘"为例，其

AR/VR^①决策舱通过整合手势识别、眼动追踪等智能交互技术，实现了管理者与 AI 系统的自然交互。

2. AI 如何帮助管理者更加精准、快速地做出决策

在 AI 时代，企业决策范式正在发生根本性变革。管理者决策已从传统的经验驱动转向数据驱动的科学决策模式，其核心价值体现在决策的精准性、科学性和迭代能力三个方面。面对动态竞争环境，现代企业管理者亟须借助 AI 工具实现决策效能的跃升，这正是 AI 技术在商业决策领域的核心应用价值。

（1）加速决策过程：传统决策模式存在显著的效率瓶颈，即依赖人工分析导致决策周期冗长，信息滞后性严重影响判断时效。AI 技术的引入从根本上改变了这一局面——其强大的数据处理能力可在几秒钟内完成海量信息分析，为管理者提供精准的业务洞察，将决策效率提升至全新量级。这种技术赋能使企业决策既保持了传统决策的严谨性，又实

---

① AR 是 Augmented Reality 的简称，译作中文为增强现实，VR 是 Virtual Reality 的简称，译作中文为虚拟现实。

现了智能化时代的响应速度。

（2）数据可视化与洞察：AI 驱动的数据可视化技术通过图形化呈现方式，将复杂的业务数据转化为直观的图表与报告。这种智能化的信息呈现方式使管理者能够快速识别市场趋势、发现潜在商机，并精准把握关键决策要素。

（3）实时反馈与动态调整：在动态变化的商业环境中，AI 工具通过实时监测市场环境与运营数据的变化，为管理者决策提供动态反馈机制。以业务波动场景为例，AI 系统能够即时生成优化建议，使管理者得以基于实时数据快速实施战略调整，有效规避传统决策模式中因信息滞后导致的风险。

（4）准确性与精确度：AI 预测模型通过整合历史数据与趋势分析，为管理者决策提供前瞻性的市场预测与风险预警。这种数据驱动的决策支持系统显著降低了传统决策过程中的不确定性，有效规避了人为判断偏差。

2.1.2 黑灯无人工厂案例：AI 工具如何提升决策精准度与速度

近日，在与一位具有 20 余年从业经验的制造业资深人士 Y 总探讨"黑灯无人工厂"话题时，我们结合实地考察案例进行了深入交流。在华晨宝马沈阳铁西工厂的参观访问经历令人印象深刻：车身车间实现 95% 的自动化率；涂装车间的 AI 摄像机质量检查系统，在 100 秒内可拍摄 10 万张照片，通过 AI 算法以远超肉眼的效率分辨喷漆表面的瑕疵；车身车间的缝隙检测工位，人机协作机器人通过拍照，检测精准度可达正负 0.03 毫米，检测数据还会同步传达到总装测量站，对比分析后及时调整生产过程中的质量问题。

此外，获得达沃斯"灯塔工厂"认证的三一重工北京桩机工厂，其 85 吨钻杆焊接由双机协作机器人完成，焊枪轨迹精度控制在 ±0.1 毫米（行业领先），5G+AR 远程运维系统实现全球设备实时调控，工厂人均产值提升 85%（2022 年达沃斯报告）。Y 总指出："黑灯无人工厂作为制造业智能化转型的标杆，通过高度自动化、物联网、人工智能和机器人技术的融合，实现 24 小时全流程自主生产。其核心特征体现在生产全环节无人化、数据驱动决策实时化、系统自适应智能化，以及无照明生产环境等方面。"

在与 Y 总探讨制造业数字化转型时，他结合亲身经历阐述了数据驱动决策的演进历程。作为集团生产副总裁，Y 总深刻反思了 2018 年错失新能源车企订单的案例：由于 ERP[①] 系统数据滞后 3 个月，设备效率统计依赖人工填报（实际产能偏差高达 15%），加之部门协同效率低下，企业未能在 72 小时内确认交付能力，致使价值 2 亿元的年度订单被具备数字孪生能力的竞争对手获取。这次教训促使企业启动"数据筑基"工程，重点突破以下三大瓶颈。

（1）数据实时性：部署了 8 529 个工业传感器，实现 376 台设备数据秒级上云。

（2）流程重构：应用计算机视觉技术革新质检体系。

（3）预测能力：建立需求感知神经网络模型。

该系统的价值在 2021 年芯片危机中得到验证：通过物料预测模型提前 45 天预警风险，借助数字孪生技术在一周内完成 7 套替代方案仿真，最终在行业平均延迟 42 天的情况下实现 98% 的订单准时交付。

同时，Y 总在集团也负责智能无人工厂的建设，在这方面，我想听听他当时的建设心得。他没有直接回答，而是带我走向中央控制区。巨大的数据屏上实时跳动着全厂数

---

① ERP 是 Enterprise Resource Planning 的简称，译作中文为企业资源计划。

据流：每个流程节点被高亮标注，左侧显示着 10:28 机械臂完成第 8 329 次焊接的精准记录。"数据是核心资产。"Y 总指着动态数据图谱解释道，"我们耗时 8 个月清洗百万条历史工艺参数，建立标准化数据库——这是算法开发的前提基础。"他特别强调组织变革的关键性："必须打破金字塔架构，组建跨部门敏捷小组，将决策链条缩短 60%。现在车间主任都能通过 AR 眼镜调取实时设备综合效率（Overall Equipment Effectiveness，OEE）数据，15 分钟内定位在制品异常工位。"这座工厂的人才结构印证着转型深度：技术团队已实现全员本科起点的招聘标准，40% 的硕博占比。当大屏数字每秒刷新时，我清晰看到制造业智能化的本质——这是一场由数据流驱动的决策革命。

"数字透明工厂"正将老师傅的经验转化为可量化的数字资产，使算法模型获得超越人工的战略预判能力。

AI 不仅加速了决策过程，更重塑了管理者的决策角色与方式。借助 AI 的分析能力，管理者能够基于数据洞察做出更科学、理性的判断，从而显著提升决策的质量与精准度。

1. 减少人为偏差

在企业管理决策中，管理者往往受历史数据、过往经验及情感认知偏差的影响。2022 年，比亚迪在销量激增后遭遇了多款车型配置与产销错配及供应链波动的挑战，这对管理层的管理能力提出了严峻考验。面对这一局面，比亚迪管理层迅速引入 AI 技术，构建了动态决策体系：通过分析抖音试驾视频（识别用户对 HUD/ 音响等配置的关注时长）、整合充电桩运营数据及政策舆情信息，同时基于华为 MindSpore 框架构建动态推演模型。该模型能够实时计算包括竞品价格变动、锂价波动等在内的 12 个维度的变量，每小时生成产线调整方案，并自动生成附有 AI 风险矩阵评分的决策提案（评分低于 80 分的方案将自动驳回）。这一创新机制使管理者的角色从传统的"方案审批者"转变为"目标函数设计者"。

实践表明，该 AI 动态产销决策系统使产线调度效率显著提升，并在芯片短缺期间减少停工次数。尤其值得注意的是，该系统成功规避了某款车型可能产生的亿元级潜在损失。这种将管理者决策权与 AI 系统深度耦合的创新模式，不仅充分发挥了人机协同的复合优势，更推动管理者将核心能力聚焦于战略校准层面，从而显著提升了企业在产业链中的协同弹性。

2. 自动化决策建议

AI 能够基于历史数据和预设规则自动生成决策建议，尤其在处理复杂决策情境时，能够提供多种可行方案，帮助管理者在最短时间内做出理性选择。这种自动化决策支持不仅提升了决策效率，还能有效减小管理者在高压环境下的决策压力。

以某企业黑灯无人工厂为例，管理层将产线调度决策权直接下放至 AI 系统。当传感器检测到贴片机供料异常时，系统能在 2 ～ 5 秒完成以下操作：调取 48 小时内所有物料车的 RFID[①] 定位记录，分析 17 条备用产线的设备空闲率，计算 6 种替代物料组合的工艺适配度，并最终生成 2 套决策方案（包含预计损失、切换耗时、质量风险系数等关键指标），同时以 AR 方式投射至管理者决策屏。实施该 AI 决策系统后，工厂设备故障平均响应时间从 47 分钟（人工）缩短至 9 秒（AI 诊断），因产线中断导致的交付延误下降

---

① RFID 是 Radio Frequency Identification 的简称，译作中文为射频识别。

82%。在这一模式下，管理者的决策角色已从传统的直接决策者转变为对 AI 建议的合规性确认者，进一步优化了管理流程并提升了运营效率。

3. 情境分析与模拟

在企业经营管理中，管理者常面临多重决策路径和市场不确定性。AI 通过情境模拟技术，能够帮助管理者预测不同决策方案的潜在结果。以某企业黑灯无人工厂为例，针对生产排期之外的新增订单需求，该工厂采用数字孪生系统进行动态推演：系统首先模拟 12 种生产排程组合，预判设备超负荷运转可能引发的 52 个潜在故障点；同时对接供应商数据库，实时评估 7 家原料供应商的产能状况和物流时效。经过 90 分钟的智能运算，系统输出最优解决方案：将订单拆分为 3 个生产批次，利用智能自动导引运输车（Automated Guided Vehicle，AGV）重新规划车间物流动线，最终实现标准品与定制品的混线生产效率提升 37%。这一智能化决策使订单交付周期较传统模式缩短 58%，客户满意度提升至 98.6%。

值得注意的是，企业管理者的决策权本质上体现为对经营活动的掌控力。这种掌控力的核心在于管理者对各类智能化工具的"调用能力"。通过 AI 技术构建的虚拟决策沙盘，管理者在制定决策时不再局限于传统的经验判断，而是能够在系统提供的多个可行性方案中，基于全面数据支持选择最优解。这种决策模式的转变，既保留了管理者的最终决策权，又显著提升了决策的科学性和精准度。

2.2
企业面临的战略挑战

随着市场环境和技术创新的快速演进，企业面临的战略挑战日益复杂化。据行业媒体报道，某科技巨头首席执行官近期明确表示："未来三年，企业将把 AI 作为战略发展核心，重点布局三大方向：AI 基础设施建设、基础模型平台及 AI 原生应用开发、现有业务的智能化转型。"值得注意的是，该企业已在所有部门的绩效考核体系中新增"AI 驱动业务增长度"这一关键指标。这一战略调整表明，AI 已不仅作为企业应对挑战的技术工具，更成为推动未来发展的战略支柱和提升组织决策效能的关键要素。

1. 数据量庞大且复杂，如何从中提取有价值的信息

在数字化转型背景下，企业正面临信息过载的严峻挑战。各类业务系统（如CRM[①]、ERP）与社交媒体等渠道产生的海量异构数据，形成了庞杂的信息生态。如何从这些数据中提炼具有战略价值的信息，已成为现代企业管理的关键课题。

AI 技术通过机器学习算法和数据挖掘方法，能够有效解决这一难题。其核心价值体现在三个方面：第一，运用智能算法自动识别数据中的关键特征与潜在规律；第二，通过数据清洗和特征工程将原始数据转化为结构化信息；第三，基于深度分析生成具有决策参考价值的市场洞察。这种技术路径不仅实现了从数据到知识的转化，更显著提升了战略决策的科学性。

实践表明，借助大数据技术与 AI 分析工具，企业能够系统性地完成数据治理全流程：从多源数据的清洗整合，到复杂数据集的深度分析，最终提取出高价值的战略信息。这种方法既优化了决策质量，又有效规避了因信息不对称带来的经营风险，为企业的数字化转型提供了坚实支撑。

---

① CRM 是 Customer Relationship Management 的简称，译作中文为客户关系管理。

2. 传统决策模式已难以适应快速变化的市场环境

在瞬息万变的商业环境中，企业决策面临三重挑战：日益激烈的市场竞争、快速迭代的消费需求，以及新兴竞争者的持续涌入。传统的经验驱动型决策模式已难以适应这一新常态，亟须建立更具敏捷性的决策机制。

AI 技术为这一转型提供了关键支撑，其核心价值主要体现在三个方面：第一，通过实时监测市场动态与消费者行为数据，帮助决策者快速捕捉市场变化并做出响应。例如，当竞争对手调整价格时，AI 系统可即时生成最优应对策略，确保企业保持竞争优势。第二，借助情境模拟工具，决策者能够在虚拟环境中预演各类市场情景，包括经济波动、需求萎缩或技术革新等，从而制定前瞻性的应对预案。第三，AI 技术能够有效区分客观事实与主观经验，为决策者提供结构化、逻辑化的分析框架。这种数据驱动的决策方式，不仅提升了决策质量，更能确保企业在各种市场环境下始终占据战略主动地位。

研究表明，AI 辅助决策显著提升了企业运营敏捷性，但其效果在不同行业和实施深度之间存在明显差异。

（1）市场响应速度方面：行业数据显示中位数提升幅度为 25%～40%。其中，零售业的 AI 智能补货系统可将补货周期缩短 35%，制造业通过 AI 交付优化方案平均提升交付效率 30%。

（2）战略调整周期方面：数字化领先企业（如科技公司）通过 AI 模拟技术，将战略迭代周期从 6 个月压缩至 2 个月（降幅达 66%），而传统企业的平均优化幅度为 20%～30%。

（3）环境适应能力方面：采用 AI 技术的企业在疫情期间的供应链中断率比同行低 30%，订单履约率高出 15%～25%。

需要特别说明的是，上述成效的实现程度取决于三个关键因素：数据质量、组织协同水平，以及 AI 与人工决策的权责划分机制。

2.2.1 管理者如何面对不确定性

在高度不确定的商业环境中，管理者正面临前所未有的挑战。传统的直觉驱动和经验导向的决策模式已难以应对快速变化的市场需求。在此背景下，AI 作为新一代决策支持工具，通过数据驱动的方式为管理者决策提供了科学依据。

其核心价值主要体现在以下三个方面。

（1）在消除决策偏差方面，AI 技术能够有效规避传统决策中常见的主观性干扰。通过建立客观的数据分析模型，AI 可以过滤掉决策者个人经验、情感因素和历史认知带来的偏差，确保决策的理性化和精准度。

（2）在预测性决策方面，AI 不仅具备历史数据分析能力，更能基于机器学习算法预测未来趋势。例如，通过消费行为数据的深度挖掘，AI 可提前预警市场需求变化，使企业能够及时调整产品策略。

（3）在决策方法论层面，AI 构建了全新的数据驱动范式。通过整合市场、财务和运营等多维度数据，AI 为决策者提供可量化、可验证的决策依据。这种模式不仅提高了决策透明度，更实现了从经验判断到科学决策的范式转变。

2.2.2　AI 在企业战略制定中的角色

AI 不仅是辅助决策的工具，它还在企业战略制定中发挥着至关重要的作用，帮助管理者预测未来趋势、优化资源配置并识别潜在机会与风险。AI 已超越传统辅助工具的定位，正深度融入企业战略决策体系。其战略价值主要体现在以下三个方面。

1. 预测趋势

管理者通过 AI 进行大数据分析，以预测市场需求变化、消费者行为趋势及新兴技术的兴起。同时，通过 AI 可以提前制定战略规划，在市场竞争中占据先机。AI 能够实时追踪竞争对手动态、行业新闻及技术进展，帮助管理者及时掌握外部环境变化，预判潜在的战略调整方向。此外，AI 不仅能协助管理者预测市场需求波动，还能优化生产计划与供应链管理。通过精准预测，企业可在需求高峰期灵活调整产能，从而有效避免资源浪费。

2. 优化资源配置

管理者通过 AI 分析各部门的绩效数据，以实现精准的资源配置，从而提升资源利用效率，并确保各项目与部门的高效运作。此外，AI 可对不同投资项目的预期回报率及风险进行评估，为管理者提供数据支持，助力其制定更明智的投资决策，以优化资金回报。同时，随着市场环境变化及企业战略目标的调整，AI 能够动态优化资源配置，确保资源分配始终符合企业的战略需求。

3. 发现潜在机会与风险

管理者通过 AI 进行深度数据分析，以识别市场中的潜在机会，包括新兴市场趋势和消费者需求变化等关键信息，为企业提供实时战略决策支持。同时，AI 具备风险识别能力，可对潜在的市场风险、财务风险及运营风险进行分析，并通过智能预警系统及时向管理者提示风险信号。例如，基于信用风险模型的 AI 分析，能够帮助管理者评估进入新市场可能面临的潜在风险，从而有效降低决策过程中的不确定性。

2.2.3　管理者如何看待数据和 AI 工具

AI 工具并非旨在取代管理者的决策职能，而是为其提供更精准的数据分析和决策支持，从而增强管理者在复杂商业环境中的决策能力。需要明确的是，企业重大业务决策的最终责任者始终是管理者——管理者既掌握决策权，也承担决策后果。AI 的作用在于帮助管理者做出更加科学、精准的决策，提升企业竞争力，但 AI 本身并不对决策结果负责。当决策出现偏差时，问责对象仍是管理者而非 AI 工具。

在 AI 时代，企业决策模式已演变为"AI 预测＋管理者判断"的双重机制。AI 主要负责提供基于概率的未来预测，即不同情境发生的可能性；而管理者则基于组织战略和风险偏好，对这些可能性进行价值判断。在传统决策中，管理者需要同时承担预测和判断双重职责；如今借助 AI 工具，管理者可获得更精准的数据分析、更客观的概率预测，从而专注于核心的判断职能——战略制定、资源配置和风险管理。AI 不仅能提升战略决策的精确性，还能优化资源配置效率，并通过风险量化模型帮助管理者更清晰地识别潜在风险。

值得注意的是，企业决策的终极目标并非决策本身，而是实现业务价值。当评估新业务投入时，AI 可将抽象风险转化为可量化的预测指标，使管理者能在充分信息基础上做出更优判断，从而提升整体决策质量与执行效率。尤其在组织变革场景中，AI 工具发挥着关键辅助作用，通过为管理者提供更全面的预测分析和决策支持，AI 赋能管理者实现三大突破：更精准的战略规划、更灵活的资源配置，以及更前瞻性的风险管理。这种决策能力的提升，最终将推动企业在激烈的市场竞争中保持持续领先优势。

2.3
敏捷战略的复合实践

2.3.1 与 AI 有关的创业故事

G 先生曾担任某互联网企业产品经理，后选择 AI 相关领域创业。在任职期间，他主导开发了基于 NLP[①] 大模型的租赁场景需求匹配系统，该项目通过 AI 技术实现房源智能筛选功能。这段经历让他深刻认识到 AI 技术的应用潜力，也促使他萌生创业想法。

在他看来，当前是 AI 创业的最佳时机：一方面，大企业成熟的算法开源降低了技术门槛；另一方面，AI 基础设施的完善显著减少了创业成本。经过深入的市场调研，G 先生最终锁定英语口语培训这一垂直领域作为创业方向。ChatGPT 的问世让他敏锐意识到，AI 技术将重塑传统教育行业。相比传统的一对一辅导或录播课程，AI 驱动的智能对话系统能提供更个性化、高效的学习体验。虽然市面上已有豆包等通用型 AI 对话平台，但这些产品面向大众市场开

---

① NLP 是 Natural Language Processing 的简称，译作中文为自然语言处理。

发，难以满足英语学习者在单词本、点词翻译等特定场景的需求。凭借在互联网企业积累的产品经验，G 先生认为，专注于英语口语学习的细分市场存在明确机会。通过开发针对性更强的 AI 产品，不仅能填补市场空白，其商业模式也经过了互联网企业项目的验证，具备可行的发展前景。这一创业方向既发挥了 AI 技术优势，又避开了与通用平台的直接竞争。基于此，我与 G 先生的对话如下。

　　　我：您创业选择做 AI 相关产品，当时是基于怎样的考虑？

G 先生：这个想法萌芽于我在互联网企业工作期间。当时接触了字节跳动推出的 Coze（扣子）平台，这是一个颇具前瞻性的 AI 机器人开发平台。作为"下一代 AI Bot 开发平台"，Coze 通过低代码工具和强大的生态支持，让开发者能够快速构建、部署和运营智能对话机器人。相较于 ChatGPT 等通用模型，智能体技术实现了显著升级。它不仅能模拟特定人物风格的对话，还能基于预设指令完成批改作业、情感互动等复杂任务。通过豆包等平台，开发者可以设定多层次的交互逻辑，使智能体能够适应不同业务场景的需求。

　　虽然腾讯、蚂蚁、百度等企业都在布局智能体平台，但经过技术评估，我认为 Coze 在功能完整性和易用性方面更具优势。这最终促使我选择在这个领域开启创业之路。

我：在您的日常管理工作中，主要会运用到哪些 AI 工具？

G 先生：国内比较好用的 AI 工具有：钉钉智能助手（阿里巴巴）可作为智能办公与效率工具，帮助管理者管理日程自动排期、生成会议纪要、管理任务优先级，并集成人际关系图谱分析以识别跨部门协作关键人。

针对会议场景，飞书妙记（字节跳动）和讯飞听见能实现语音会议实时转文字、AI 提炼关键结论与待办事项，并支持多语言翻译。管理者进行战略汇报或合同风险排查时，推荐使用 WPS AI（金山办公），当然复杂条款还需人工复核。

在数据分析与决策支持方面，百度智能云和观远数据可一键生成数据看板，自动关联业务数据与行业对标，实现实时风险监测；商汤科技方舟平台则提供 AI 驱动的产业地图分析，可识别技术合作机会，实现专利与人才图谱可视化。

在客户与人际关系管理方面，脉脉 AI 助手能进行人际关系价值三维评估、智能破冰话术生成和隐性枢纽识别，但仅为标签化推荐，尚未具备深度价值分析；大客户关系维护可选用销氪智能 CRM。

在团队管理方面，企微智能助手能实现社群运营自动化和聊天记录 NLP 处理。

行业洞察与战略规划工具包括天眼查行业雷达（竞品分析、合规审查）、艾瑞咨询 AI 智库（行业报告智能摘要、趋势预测模型等）、阿里云行业大脑。智能谈判与沟通推荐腾讯云智聆（情绪波动分析、话术优化建议等）。

我经常使用的工具有豆包、扣子、DeepSeek、ChatGPT 和钉钉智能助手等。

1. 管理层日常使用的 AI 工具

（1）战略层工具（产业分析与长期规划）如表 2-1 所示。

表 2-1　战略层工具（产业分析与长期规划）

国内工具	国外对标工具	核心功能
百度智能云—产业大脑	C3 AI	产业链图谱生成、政策风险模拟、产能预测
商汤方舟企业决策平台	Palantir Foundry	多源数据融合、自动化决策

（续表）

国内工具	国外对标工具	核心功能
华为云 EI 企业智能	AWS Industry Solutions	供应链韧性评估、碳中和路径规划
阿里云行业 AI 解决方案	Salesforce Einstein Analytics	消费者行为预测、市场渗透率动态建模

具体场景示例如下。

国内：商汤科技旗下"方舟平台"可用于建模与战略推演，曾被用于分析新能源汽车补贴退坡的影响，预演不同降价策略对市场占有率的影响。

国外：Palantir（帕兰蒂尔，美国领先的数据建模公司）具备模拟地缘政治冲突的能力，典型应用包括在供应链受限背景下，评估东南亚设厂的成本与风险平衡点，以辅助战略选址与资源分配。

（2）执行层工具（日常管理与协同）如表 2-2 所示。

表 2-2　执行层工具（日常管理与协同）

国内工具	国外对标工具	核心功能
钉钉智能助手—决策驾驶舱	Microsoft Copilot for Teams	会议纪要自动生成＋待办追踪、跨部门资源冲突预警
飞书多维表格 AI 助手	Notion AI	智能排期优化、项目风险概率标注

（续表）

国内工具	国外对标工具	核心功能
企微智策	Slack GPT	员工情绪分析（通过聊天语义）、跨时区会议调度
字节跳动火山引擎—智能运营	Asana AI	自动化 KPI 分解、异常指标根因分析

具体场景示例如下。

国内：某企业借助钉钉驾驶舱设置风控指标，对"研发投入超预算 30%、专利产出低于预期"的部门进行标记，并触发内部专项审计流程。

国外：企业 Asana AI 平台中集成营销与供应链数据后，识别出广告点击率下降可能与供应链交付延迟存在关联，辅助管理者进行跨部门优化。

（3）资源层工具（人脉与商机挖掘）如表 2-3 所示。

表 2-3　资源层工具（人脉与商机挖掘）

国内工具	国外对标工具	核心功能
脉脉 AI 猎场	LinkedIn Talent Insights	对竞争对手组织架构的分析与研究、关键人才流动预警
天眼查—商机雷达	ZoomInfo	供应链漏洞扫描（如供应商行政处罚关联分析）
启信宝产业图谱	Crunchbase Pro	投融资信号捕捉（如 VC 机构尽调活跃度热力图）

（续表）

国内工具	国外对标工具	核心功能
企查查风险预警 AI	Dun & Bradstreet Hoovers	客户信用动态评分、贸易摩擦影响概率测算

具体场景示例如下。

供应链风控（国内）：企业通过天眼查 API 接口实现对供应商风险的实时监控（如失信关联等），当系统触发风险预警时，会自动推荐备选供应商名单。随后，由专业团队在 24 ～ 48 小时内完成供应商切换评估工作。需要说明的是，目前全自动化的供应商切换流程尚未普及，相关决策仍需经过法律和采购部门的协同审核。

技术路线预测（国外）：ZoomInfo 等商业数据平台通过分析企业招聘数据（如岗位技能关键词、招聘数量变化等），为技术发展趋势预测提供重要参考。以特斯拉为例，当某季度出现"固态电池工程师"岗位的集中招聘时，可能预示着企业在相关技术领域的研发投入加大。不过，此类预测需要结合企业专利申报、财务报告等其他数据进行交叉验证，以提高准确性。

2. 国内外 AI 工具选择关键差异

国内外 AI 工具选择关键差异如表 2-4 所示。

表 2-4　国内外 AI 工具选择关键差异

维度	国内工具优势	国外工具优势
数据合规	满足《中华人民共和国数据安全法》《中华人民共和国个人信息保护法》	全球数据覆盖
行业适配	深度本土行业 know-how（如政务）	先进技术整合（如 OpenAI 插件）
成本结构	按需订阅（适合中小企业）	企业级定制开发能力强
生态协同	与微信 / 支付宝等超级 App 互通	与 Slack/Zoom 等全球化工具链融合

3. 管理层组合使用建议

（1）战略层：国内工具聚焦政策敏感型决策支持（如新能源产业分析），国外工具应用于全球化战略推演与布局。

（2）执行层：国内团队采用钉钉 / 飞书进行协同管理，而国外团队则通过 Microsoft Teams 搭载 Copilot，实现跨时区协作与 AI 驱动的工作助理功能，如自动生成会议纪要、智能任务分配等。

（3）资源层：构建天眼查（国内）+ZoomInfo（国外）双数据引擎，通过多源数据交叉验证规避信息盲区。

2.3.2　敏捷决策模型：动态环境下的战略迭代框架

敏捷决策意味着快速验证假设、快速学习、快速调整，只有这样才能在不确定的市场中立于不败之地。

敏捷决策与假设验证模型起源于敏捷管理和精益创业理念，并在实践中不断完善。敏捷管理最初源于软件开发领域，强调快速迭代和灵活应对变化；精益创业则侧重于通过最小可行产品（Minimum Viable Product，MVP）快速验证假设并调整商业模式。二者结合形成的假设验证与迭代调整模型，能够帮助企业在复杂市场环境中快速响应变化、优化战略，从而提升决策的精准性与效率。

敏捷决策模型的核心概念如下。

（1）建立假设：在决策初期，管理者需要基于市场调研、行业趋势和竞争分析等信息提出假设，这些假设将为后续战略决策提供初步框架。假设的提出应建立在数据支持的基础上，而非单纯依赖直觉。

（2）验证假设：管理者需要通过市场试点、A/B 测试等实际举措验证假设的有效性。这一验证过程需依托实时数据和市场反馈，以判断假设能否达成预期目标。

（3）快速迭代与调整：根据假设验证结果，管理者需及时调整策略。在敏捷决策模型中，快速迭代是关键环节——决策者通过短周期反馈不断优化战略方向，使企业持续适应市场需求并实现渐进式改进。

（4）持续学习与优化：每一轮迭代都是持续学习的过程，管理者通过数据洞察不断修正假设与战略方向，最终实现业务成果的最优化。

基于以上内容，我与 G 先生的对话如下。

我：在创业过程中，您如何运用敏捷决策与假设验证模型来实现业务落地？

G 先生：我们通过敏捷决策与假设验证模型，在创业前完成了 AI 英语口语陪练产品的 MVP 验证。最初的产品形态是在豆包平台嵌入雅思题库，模拟真实考试场景。经过用户测试获得积极反馈后，我们决定将这一概念产品化，最终聚焦英语口语陪练这一垂直赛道。在创业过程中，我们建立了完整的用户反馈闭环：一方面通过社群运营收集深度需求，另一方面借助直播形式实时获取用户意见。基于这些反馈数据，我们持续迭代产品功能与服务体验，逐步构建起专业化的口语训练解决方案。

2.4
从管理者视角看敏捷决策模型的
应用并引领敏捷决策的落地

2.4.1　从管理者视角看敏捷决策模型的应用

企业管理者作为核心决策者，其核心职责在于确保企业战略能够快速响应市场变化，从而持续提升企业竞争力。敏捷决策模型为管理者提供了系统化框架，使其能够通过快速验证与动态调整机制，有效应对市场不确定性，从而实现战略管理的精准化与高效化。

1. 假设阶段：定义战略方向与预期结果

在此阶段，企业管理层需基于市场环境分析与实时数据洞察，明确战略方向并构建可验证的业务假设。这些假设通常来源于三个核心维度：行业趋势研判、竞争格局分析及消费者行为预测。其中，建立系统化的假设验证框架尤为关键，这为后续的迭代优化奠定了基础。其关键步骤如下。

（1）收集与分析数据：基于 AI 技术的数据分析系统，可对历史运营数据、行业趋势演变及竞争对手战略动向进行深度挖掘与建模分析，从而为战略假设的构建提供实证支持。

（2）提出假设：基于数据分析结果，企业管理层可构建以下维度的战略假设：其一，市场需求预测，如新兴市场消费规模的增长预期；其二，产品竞争力评估，包括新产品对品牌影响力的提升效应；其三，战略方向选择，涉及市场定位与业务布局的优化方案。

（3）设定目标与指标：明确假设的成功标准，设定具体的关键绩效指标（Key Performance Indicator，KPI），如收入增长率、市场份额提升幅度等。

企业管理者应当基于数据分析和市场洞察提出具有前瞻性和科学依据的假设，而非依赖直觉或经验进行决策。AI 工具提供的精准数据分析能够为假设构建提供更有力的支持，从而确保假设的提出建立在可靠的数据基础之上。

2. 验证阶段：通过数据验证假设的有效性

验证阶段作为敏捷决策模型的核心环节，旨在通过数据分析和实际反馈检验假设的可行性。在此过程中，AI 凭借其实时数据处理与分析能力，为企业管理者提供决策支持，并辅助他们科学评估假设的有效性。其关键步骤如下。

（1）小规模试点与实验：企业管理者可通过在特定市场或目标客户群体中开展试点项目，以实证方式验证假设的实际效果。

（2）实时数据分析与反馈：利用 AI 工具对试点项目进行实时监测，收集市场反馈数据及用户评价信息，并据此开展动态分析。

（3）数据驱动的假设调整：基于数据分析结果修正初始假设。若实际效果未达预期，决策层可依据量化评估结论，对战略方向或假设进行动态调整。

企业管理者应建立以数据分析为核心的决策机制，以减少对主观经验或滞后信息的依赖。借助 AI 工具提供的实时监测数据，管理者可快速验证业务假设并实施动态优化。

3. 迭代阶段：优化与调整战略

在验证阶段完成后，企业管理层需依据市场反馈对战略

方向进行动态调整。敏捷决策的核心特征在于快速迭代，这
要求管理者能够基于市场响应数据持续优化战略部署，从而
提升决策效能与执行效率。其关键步骤如下。

（1）数据驱动的调整：企业管理层基于验证阶段的数据
分析结果，对战略方向实施动态优化。

（2）持续监测与反馈机制：建立战略执行实时监测机
制，确保战略调整及时响应市场变化。通过 AI 工具提供的
动态数据看板与智能分析报表，企业管理层可实时掌握市场
动态及战略执行核心指标。

（3）循环优化：敏捷决策强调周期性的优化，即便策略
已通过初步验证，仍需根据市场环境变化进行动态调整。

企业管理层应当充分认识到市场环境的动态性特征，在
决策过程中保持必要的灵活性。依托 AI 技术构建的数据模
型与预测分析系统，可为战略决策提供实时支持，确保企业
能够根据市场变化及时调整经营策略。

基于以上内容，我与 G 先生的对话如下。

我：根据您的创业经验，有什么建议可以供管理者参考吗？

G 先生：最近我在阅读《量子物理如何改变世界》这本书。该
书通过阐释量子物理学的基本原理，揭示了科学突破
如何打破常规思维框架并重塑人类对世界的认知。我
认为有如下几个关键点值得分享。

■ 拥抱不确定性与模糊性

量子物理学的一个核心观点是：微观世界充满了不确定
性。例如，在未被观测时，粒子可能处于多种状态的叠加态，
这表明我们无法完全精确地预测所有未来事件。在商业环境
中，企业同样面临不确定的市场动态、消费者需求的波动及技
术发展的不可预测性。管理者应当学会接纳并管理这种不确定
性，借助数据和 AI 工具，在信息不完整的情况下做出决策，
并灵活调整策略。正如管理学中的观点——"不确定性是创新
的源泉"，这种不可预测性恰恰能够催生新的机遇与突破。

■ 多角度思维与系统性思维

量子物理学中的"叠加态"现象表明，微观粒子可以同时
处于多种可能状态，直至观测行为使其坍缩为确定态。这一原
理对管理决策具有重要启示：我们不应局限于单一视角，而需
从多维度进行综合评估。在商业实践中，"全局思维"与"系

统性分析"能力尤为重要。决策者必须避免单一解决方案的局限，特别是在 AI 与大数据技术赋能的背景下，更需要构建多情境推演能力，以精准预判不同业务路径的潜在影响。

■ 快速试错与持续优化

量子物理学研究往往通过小规模实验来验证理论假设，这种快速试错机制能够持续优化研究路径并确定最佳解决方案。事实上，互联网时代的企业实践已经验证了这一方法论的有效性。而 AI 工具的出现，进一步提升了实时数据分析和虚拟环境模拟的能力，使假设验证和方案优化可以在更短时间内完成。因此，快速试错与持续优化仍然是现代决策的核心模式。在创新过程中，企业应当建立系统化的实验机制，通过多次尝试积累经验数据，从中获取有价值的决策依据。

■ 灵活应对与快速反馈机制

量子物理学强调变化与互动的本质，要求我们具备动态应对能力。AI 技术能够提供实时数据反馈，促使我们做出相应调整。我认为，灵活应对与快速反馈机制是应对市场波动和技术革新的关键要素。

此外，建议企业管理者持续学习并积极实践，尤其要善用 AI 技术开展低成本创新实验。对大型企业管理者而言，更需要借鉴成功创业者的经验，特别是从 0 到 1 的创业历程，这些经验将有效促进其复合型能力的成长。

2.4.2　管理者如何引领敏捷决策的落地

企业管理者应推动企业文化转型，倡导数据驱动的决策理念，提升组织对 AI 工具的接受度与应用能力。通过系统化培训和激励机制，帮助团队掌握并实践"假设—验证—迭代"的敏捷决策模式。同时，需强化团队协作与跨部门沟通，搭建数据共享平台，确保各部门基于统一的数据基础实现快速响应。

此外，管理者应发挥灵活的领导力，鼓励团队依据实时数据反馈动态调整策略，而非固守原有的战略假设。敏捷决策的核心在于管理者需在变化中展现适应性，并持续优化组织能力，以应对市场和技术的不确定性。

2.4.3　管理者如何在企业决策层面构建敏捷决策模型

（1）战略假设：管理者基于数据和市场洞察提出战略假设，明确目标和可量化的 KPI。

（2）验证假设：可通过试点项目与实时数据分析相结合的方式，验证假设的有效性，并基于反馈结果进行快速调整。

（3）迭代优化：基于验证结果进行快速迭代，通过持续监测和优化，确保战略与市场需求保持一致。

（4）AI 赋能决策：AI 工具能够为管理者提供精准预测、实时分析和数据支持，有效提升决策效率，降低决策风险，同时保持战略灵活性。借助这一敏捷决策模式，企业管理者不仅能够在不确定性环境中做出更精准的判断，更能确保企业战略及时响应市场变化，从而在激烈竞争中占据优势地位。

2.4.4　AI 在敏捷决策模型中的作用

AI 在敏捷决策模型中发挥着关键作用，特别是在数据支持、实时分析和预测等环节，能够为管理层提供更精准的决策依据。AI 工具通过以下方式显著提升敏捷决策的效能。

（1）数据支持与模拟：AI 能够从海量数据中提取有价值的信息，为管理层提供精准的实时决策支持，使其能够根据动态反馈及时调整战略。

（2）预测趋势与市场变化：AI 通过分析历史数据，能够预测未来市场趋势和行业变化，为管理层的战略决策提供更精准的判断依据。

（3）模拟与情景分析：管理层可借助 AI 开展情景分析，通过模拟不同决策路径的可行性并预测其潜在结果，从而在复杂环境下实现科学、灵活的决策优化。

在 AI 重构决策范式的时代，管理层的核心使命已从"执行正确决策"演化为"构建科学的决策系统"，即通过数据驱动破除经验主义局限，借助算法模拟战略路径，并以人文价值约束技术边界。无论是智能制造中的实时响应机制，还是全球化产能布局的模拟推演，其本质都体现了决策模式由"以人类为中心"向"人机协同"的范式转变。

未来企业的核心竞争力，不仅取决于数据资产或算法优势，更在于管理层能否实现 AI 的理性计算与人类的价值判断的有机融合，从而在高度不确定的环境中构建持续优化的敏捷决策体系。

成长赋能

※ 在 AI 时代，决策不再依赖直觉，而是基于数据、预测和实时反馈。

※ 管理者的价值不在于做决策，而在于做出更加精准、科学且能够快速迭代的决策。

※ AI 工具不是取代管理者，而是增强管理者的决策能力，帮助管理者做出更好的战略选择。

※ 企业的成功并非源于制定最完美的决策，而是通过持续的迭代和优化，使决策不断趋于最优解。

※ 敏捷决策意味着快速验证假设、快速学习、快速调整，只有这样才能在不确定的市场中立于不败之地。

第 **3** 章

复合能力图谱：

构建管理者的 AI 时代竞争力矩阵

在 AI 时代，管理者的能力要求发生了根本性变革。除了传统的战略思维和领导力外，管理者还必须具备跨学科的认知能力和实践技能，以应对快速迭代的技术环境和瞬息万变的市场格局。本章将系统阐述 AI 时代管理者的核心能力框架，围绕"认知维度—工具维度—实践维度"三大支柱，构建完整的能力图谱。该框架旨在帮助管理者：准确识别关键能力短板，夯实面向未来的基础素养，通过能力矩阵评估当前水平，规划清晰的进阶路径。最终，这一体系将有效支撑企业的人工智能战略实施和组织持续变革。

3.1
能力图谱和管理者角色转型

在 AI 时代，管理者的能力图谱已成为企业数字化转型的核心驱动力。只有构建全面的能力体系，才能真正实现 AI 时代的战略领导力。随着技术变革加速，企业对管理层的能力要求正呈现显著提升趋势。为深入探讨这一话题，我特别邀请到长期深耕 AI 领域高管猎聘服务的资深专家 J 总进行对话。作为上海地区领先的 AI 行业猎头顾问，J 总在为企业甄选 AI 领域管理人才方面积累了丰富的专业经验。

我： 在 AI 时代，尤其是当下的 AI 企业，无论是大模型研发企业，还是 AI 应用行业，都在积极寻找各类人才。那么，这些企业究竟想寻找哪一类人才？对哪些人才的需求较大？他们所寻找的人才又有哪些共性呢？而哪些特质又是甲方企业特别强调、格外在意的呢？

J 总： 当下的 AI 企业对人才的需求呈现出明显的阶段性变化和行业特性。在早期阶段（2020 年之前），以"AI 四小龙"（商汤、旷视、依图、云从）为代表的企业推动了 AI 的第一波应用浪潮，主要集中在图像识别、机器识别等领域。这一时期，企业寻找的人才大多是技术领域的专家，哪怕这些专家在实验室中工作，或者仍在发表高质量的论文，只要在某些方面创新尝试成功，他们往往就是企业一号位的人物，即技术负责人或专家。

到了 2023 年之后，随着 OpenAI 大模型的崛起，"AI

六小龙"（如智谱 AI、阶跃星辰、月之暗面、百川智能、零一万物和 MiniMax）开始崭露头角。在这一阶段，企业依然需要全球顶尖的技术人才，尤其是在大模型、NLP、计算机视觉等领域有创新成果的人才。这些人才通常是企业的技术负责人或专家，能够带领团队在技术上保持领先。

随着技术的逐渐成熟，AI 企业开始从技术研发转向商业化落地。在这一阶段，企业更加注重能够将技术与实际产业相结合的人才。这类人才不仅需要具备技术背景，还需要有强烈的产品思维和商业化能力。企业开始寻找具备产品思维的管理者和产品经理，要求他们能够根据市场需求，设计出可落地的 AI 产品。

因此，对管理者的要求是：需要具备从用户需求出发，设计出符合市场需求的产品的产品思维；在技术实现的同时，能够考虑成本控制和商业化可行性；同时要对特定行业有深刻了解，能够将 AI 技术与行业需求紧密结合，推动产品的实际应用。因此，对市场敏锐、具备产品力、对成本有概念、拥有可交付可落地的商业化思维的这类人才画像，是甲方企业所需要的。

目前，我服务的客户群体十分广泛，不仅涵盖 AI 领域，还包括许多看似与 AI 并无直接关联的行业。然而，当下众多行业都呈现出与 AI 技术融合的趋势。大型企业已开始率先将 AI 功能融入自身产品，以避免在市场竞争中被淘汰。相比之下，部分中小型或传统企业的反应则相对较慢。

实际上，在招聘管理者时，往往很难找到与岗位要求高度匹配的候选人。因此，为甲方挑选并推荐合适的管理者，对我来说是一项相对复杂的工作。一些基本要求是，管理者需具备战略认知能力，明确业务的发展方向，并在自身产品底层结合市场上可利用的大模型、API 接口，将 AI 功能嵌入现有产品中，形成新的 AI 化产品，并不断进行更新迭代。

3.1.1 能力图谱概述

管理者能力图谱对管理者在 AI 时代所需的关键能力进行了系统性梳理，涵盖三个模块、十项能力。这些能力不仅是管理者在日常管理中的基础，更是企业在 AI 转型过程中形成核心竞争力的关键。在 AI 时代，管理者需要具备跨领

域的综合能力，在技术、战略、文化和伦理等诸多方面实现
平衡，从而全面提升自身的领导力。管理者不仅要理解 AI
技术，更要引领企业在 AI 时代有效应对挑战、抓住机遇。
管理者能力图谱能够帮助管理者识别并提升各项能力，确保
企业在 AI 时代的长期可持续发展。基于以上内容，我与 J
总的对话如下。

我：您能否分享一个具体案例，让我了解 AI 时代年薪千万的
　　高管具有哪些典型特征？

J 总：我曾承接一家高科技企业寻找二号位管理者的需求，期
　　间遇到了一位极具潜力的候选人。他的履历堪称完美：
　　拥有深厚的行业积淀，十年前从美国归国时年薪已超
　　百万美元。尽管他原本计划创业，但在了解我推荐的机
　　会后，他表示愿意接受挑战——"做有意义的事"。这一
　　回应并不令我意外。处于这个层级的管理者往往对自身
　　职业路径有着清醒认知，这类机会对他们而言始终是双
　　向选择。我向他简要介绍了企业情况，同时也坦诚地表
　　达了我的顾虑：创始人比他年轻，且缺乏大企业管理经
　　验。对此，他提出愿以"亦师亦友"的姿态建立合作关
　　系，通过专业能力赢得信任。

这家委托企业正处于从科研机构向商业化企业转型的关键期，急需兼具三种稀缺特质的领导者：技术专精、商业思维与变革魄力。而这位候选人展现的素质令人惊叹——他对光电技术这一全新领域仅用 24 小时就完成知识架构搭建，次日便精准指出企业核心痛点：必须将学术型团队文化转变为目标导向型组织，建立严格的项目交付体系。在我的引荐下，他入职后迅速展开系列改革：重构项目管理流程、设定明确里程碑、组建商业化团队。

令我印象深刻的是，其"躬身入局"的领导风格。面对团队效率低下的现状，他不仅亲自参与核心项目攻坚，更通过持续沟通化解变革阻力。十个月后，该企业史无前例地实现了产品流片准时交付。

当技术瓶颈出现时，他即时调动行业资源突破难题，这种跨领域整合能力令团队由衷折服。用团队成员的原话评价："强得无可比拟，强得无话可说。"

3.1.2 AI 时代的管理者角色转型

从传统管理者到 AI 赋能的战略家、变革推动者和伦理守护者，我们将其称为培养 AI 时代的"三核管理者"。三核管理者的能力模型由三个模块和十项核心能力构成，具体如表 3-1 所示。

表 3-1　三核管理者的能力模型

模块	战略定力	学习力	领导力	变革与抗风险能力	技术理解能力	伦理判断力	风险识别与管理能力	共情力	透明沟通能力	伦理决策能力
模块一：战略决策能力	√	√	√	√						
模块二：技术理解能力		√	√	√	√					
模块三：伦理责任意识						√	√	√	√	√

1. 模块一：战略决策能力

这个模块聚焦管理者在战略制定与实施过程中所需的核心能力，重点探讨在不确定性和复杂环境（如 AI 变革）下的有效决策方法。

（1）战略定力：作为战略决策的基础，管理者需具备前瞻性规划能力，在快速变化的环境中保持战略目标清晰，并适时调整战略方向。

（2）学习力：在快速变化的市场环境中，管理者的战略决策能力取决于持续学习与知识迭代。他们必须深入洞察新技术、把握行业趋势、吸收前沿管理理念，以不断优化战略决策。

（3）领导力：领导力在战略决策中的核心作用不仅在于明确方向，更在于有效激励团队、推动战略执行，从而确保战略目标的实现。

（4）变革与抗风险能力：在战略决策过程中，管理者需具备卓越的风险应对与变革管理能力，特别是在 AI 变革引发的复杂环境下，能够快速调整战略方向以确保决策有效性。

2. 模块二：技术理解能力

这个模块重点探讨管理者在技术创新领域的认知能力与实践方法，特别是在 AI 等新兴技术领域，如何建立科学的决策机制以推动技术应用与战略转型。

（1）学习力：管理者在 AI 前沿技术领域需构建持续学

习机制，以深化技术认知能力。通过及时掌握技术发展动态与应用趋势，提升战略决策的科学性与前瞻性。

（2）领导力：该模块要求管理者在组织内倡导和引领技术创新文化，推动全员学习并参与技术转型。

（3）变革与抗风险能力：AI 等技术带来的变革可能隐藏着巨大的潜在风险，管理者需要具备技术变革过程中的应变能力，以准确预判和有效管控技术应用的潜在风险。

（4）技术理解能力：管理者应当系统掌握 AI 技术的基本原理、应用领域及潜在局限性，并在战略决策过程中建立高效的技术协同机制，以驱动创新实践。

3. 模块三：伦理责任意识

（1）伦理判断力：提升对 AI 技术伦理问题的敏感度和判断力，确保决策符合社会道德和法律要求。

（2）风险识别与管理能力：识别 AI 技术应用中的伦理风险，并采取有效的管理与应对措施。

（3）共情力：理解和关注 AI 技术对员工、客户及社会的潜在影响，并在战略决策中充分考虑利益相关方的诉求，构建更具包容性和可持续性的技术发展路径。

（4）透明沟通能力：建立规范化的沟通机制，以透明、负责的方式向利益相关方传递技术应用信息，从而持续提升企业在技术创新领域的公信力与社会认同度。

（5）伦理决策能力：在面临伦理困境时，需构建多维度利益平衡机制，通过系统化的伦理决策框架，在保障企业可持续发展的同时，切实履行社会责任。

从 J 总提供的案例中可以看出，这位管理者成功展现了AI 时代管理者必备的三大核心能力：战略决策力、技术理解力和商业化思维。凭借这些能力，他快速引领团队实现业务变革与发展。具体而言，其战略定力与学习力构成了转型基础，而在推动业务发展过程中，他更充分体现了卓越的领导力特质：共情力、透明沟通能力及伦理决策能力。该案例印证了一个重要观点：在快速迭代的商业环境中，管理者既要具备前瞻性的战略视野，更需拥有高效的执行力和环境适应能力。通过"躬身入局"的实践精神和"目标导向"的管理方式，他不仅成功推动企业转型，也实现了个人职业价值的跃升。

AI 时代的优秀管理者应当兼具三重角色：战略规划者、变革推动者和问题解决者。唯有将个人能力体系与组织发展目标深度协同，方能在复杂的商业生态中建立持续竞争优势。

3.2
能力图谱的三大层级

在 AI 时代，管理者的核心能力不仅体现在技术决策层面，更在于如何运用智慧与远见引领组织面向未来。管理者能力图谱可划分为认知层、工具层和实践层三个层面。

（1）认知层要求管理者理解 AI 对战略、组织和伦理的颠覆性影响。在战略层面，要洞察 AI 如何重塑行业竞争格局和企业商业模式；在组织层面，要把握 AI 对组织结构、团队协作和人才需求带来的变革；在伦理层面，要关注 AI 技术的伦理风险、法律合规问题，以及管理者应承担的伦理责任。以微软 CEO 萨提亚·纳德拉领导的 AI 战略转型为例，其成功将"AI 优先"理念融入企业文化，有效推动了企业数字化转型进程。

（2）工具层强调管理者需要掌握的 AI 相关工具，包括数据分析工具、决策支持工具、AI 协作工具和项目管理工具等。

（3）实践层关注管理者如何制定 AI 转型的 MVP，确保 AI 战略的快速验证与迭代。杭州深度求索（DeepSeek）公司生动诠释了这一理念。该公司从幻方量化孵化而来，其发展历程充分体现了管理者能力图谱三个维度的有机结合：在认知层，团队敏锐洞察到大模型技术的潜力，实现从金融领域向通用 AI 场景的战略拓展；在工具层，成功将量化投资领域积累的高性能计算、分布式训练等核心技术迁移至新业务；在实践层，采用 MVP 方法率先开发智能客服系统，通过快速迭代验证技术可行性，最终实现规模化商业应用。

在 AI 时代，小米公司通过"AI+IoT"（AIoT）战略的成功转型，展现了高管团队在认知层、工具层和实践层的卓越能力。这一案例生动诠释了传统硬件制造商如何通过 AI 技术实现战略升级。

在认知层面，小米高管团队敏锐洞察到 AIoT 将成为智能家居和物联网发展的核心驱动力。基于这一判断，公司重新定位战略方向，将 AI 技术确立为公司发展的核心引擎，推动商业模式从单一的硬件制造向"硬件＋软件＋服务"的生态型模式转型。这一战略认知的转变，为小米后续发展奠定了重要基础。

在工具层面，小米自主研发的 AI 平台"小爱同学"成为战略落地的关键载体。该平台深度整合到智能手机、智能音箱及各类智能家电产品中，不仅显著提升了用户体验，更构建起持续获取用户数据的通道，为 AI 模型的持续优化提供了数据支撑。

在实践层面，小米采用 MVP 方法论稳步推进 AIoT 战略。公司首先聚焦智能音箱领域推出"小爱同学"，通过快速收集用户反馈持续优化语音交互体验。在验证技术可行性后，逐步将 AI 能力扩展到智能家居、可穿戴设备等更广泛场景，最终构建起完整的 AIoT 生态系统。这一渐进式发展路径，既控制了创新风险，又确保了技术落地的有效性。通过 AIoT 战略的实施，小米不仅大幅提升了产品智能化水平，更开创了数据驱动的服务新模式，成功拓展了多元化的收入来源。

3.3
管理者能力图谱的落地应用

3.3.1　管理者画像

在职场环境中，J 总提及的甲方企业特别关注管理者的能力特质。

（1）跨领域复合型人才：企业管理者需具备技术与商业相融合的综合能力。随着 AI 技术的广泛应用，企业对跨领域复合型人才的需求日益凸显。这类人才不仅需要拥有扎实的技术功底，还应具备敏锐的商业洞察力和市场判断能力，从而有效实现技术成果的商业转化，助力企业在激烈的市场竞争中占据优势地位。特别是那些能够基于行业特性提供定制化 AI 解决方案的专业人才更受企业青睐。这类人才通常具有丰富的行业实践经验，能够精准把握客户需求，并提供具有可操作性的专业解决方案。

（2）学习力、跨行业认知与管理能力很好融合的人才：在 AI 时代，学习力不仅体现为借助 AI 工具快速获取知识的能力，更要求企业管理者能够结合自身经验进行深度理解与创新输出。管理者需要具备广阔的认知视野和跨领域的知识储备，以更有效地应对复杂问题。同时，管理者对技术知识的理解深度与广度，必须与实际行业应用相结合，探索可行的商业化路径。企业不仅重视管理者快速落地技术并创造商业价值的能力，还尤为关注其技术素养、持续学习能力及跨领域整合能力，强调其应具备将新知识融入现有体系并实现创新的能力。

此外，AI 的发展无国界，在跨文化背景下，管理者需在技术、管理与人文知识之间寻求合理平衡点，以适应全球化竞争环境。

（3）富有创新力、在复杂环境中具备领导力与资源协调能力的人才：在 AI 企业的运营中，创新力是企业在技术研发与产品设计领域的核心竞争力。企业尤为重视人才在突破技术边界、推动产品与技术迭代升级方面的能力表现。与此同时，执行效率与项目交付能力同样是企业重点考察的素质要求，无论是技术研发阶段还是产品落地阶段，都要求人才能够高效推进工作并确保项目按期完成。

在 AI 企业的人才评价体系中，团队协作与领导力是两项关键评估指标。企业不仅要求管理者具备独立完成工作的能力，更期待其能够有效带领团队协同发展，通过整合行业影响力与资源优势赋能团队，从而保障项目的高效推进。未来，AI 企业将更加注重技术与垂直行业的深度融合。企业需要的是既精通技术又深谙行业特性的复合型人才，这类人才能够将 AI 技术精准应用于具体行业场景，切实解决业务痛点。此外，随着 AI 技术的全球化发展，具备国际视野的人才愈发受到重视。这类人才能够准确把握全球市场需求，有效提升企业在国际市场的竞争优势。

（4）开放包容、注重自我成长的人才：在企业经营管理实践中，许多管理者虽具备深厚的专业领域经验，却往往在面对产品快速迭代与市场持续变革时表现出探索不足的倾向。这类管理者更倾向于在既有专业领域内施展能力，过度依赖过往认知与经验，从而形成相对封闭的思维模式。这种保守倾向在职业转型过程中尤其容易导致其难以获得市场认可。基于此，管理者在面对能力短板或认知局限时，亟须建立开放的学习心态。特别是在应对技术创新、市场机遇与行业变革等关键领域，应当主动突破既有思维框架，积极整合新知识体系，避免因固守舒适区而错失发展良机。

总之，AI 企业在不同发展阶段对人才需求呈现差异化特征，但整体而言，技术专家、商业化人才、产品经理及跨领域复合型人才构成当前及未来核心人才需求方向。企业尤其注重候选人的创新力、执行效率、团队协作能力及行业经验等关键素质。随着 AI 技术的持续演进与应用场景的不断拓展，兼具全球化视野与行业解决方案能力的高端人才将获得更多发展机遇。

3.3.2 年薪千万高管的复合成长路径

针对年薪千万高管的复合成长路径，我与 J 总的对话如下。

我：基于您对众多高管候选人的观察与研究，请问，个人应当如何系统性地培养管理能力？是否存在实现年薪千万的高管职业发展路径？

J 总：这个问题确实颇具挑战性。由于个体天赋差异与职业发展路径的多样性，很难总结出培养年薪千万高管的标准化路径。不过，我们可以转换思考维度——与其执着于成为高薪高管，不如聚焦于认知升级与机遇捕捉。关键在于前瞻性地识别未来趋势，在新兴赛道的萌芽期就全力投入。商业浪潮的成功往往会带动个体的成功。

以 AI、大数据、云计算等领域为例，早期参与者可通过以下方式积累优势：加入初创企业或大型企业的创新部门，积累技术商业化经验；持续深化技术学习，构建技术与商业的桥梁能力。若错过先发优势，在技术应用的中期爆发阶段，快速响应同样能创造机会。此时需要选择主流赛道深耕，成为"AI+行业"的复合型专家；通过实战主导 AI 产品落地，建立成功案例库；同步提升管理能力与战略视野，参与企业决策。

需要特别说明的是，AI 时代的经验积累周期显著压缩——传统行业需要 3～8 年的经验积累，在 AI 领域 1～1.5 年就可能完成能力跃迁。当进入行业引领阶段时，从业者应当具备：制定企业 AI 战略的能力，推动组织变革的执行力，拓展全球化业务的视野。在存量竞争时代，还需要建立人际关系网络，以实现快速成长。整个过程需要持续保持技术敏感度与学习能力，提升资源整合与人际关系运营效能，深度参与行业实践。其核心逻辑是：在风口形成前卡位赛道，主动前往价值创造的一线，通过实战让技术赋能业务发展。

我：请问，在 AI 时代，女性管理者与男性管理者相比是否面临更少的职业发展机会？职场中是否存在针对年龄的歧视现象？

J 总： 在传统时代与 AI 时代，女性社会角色的复杂性难以简单定论。但若排除家庭婚姻变量，女性管理者在 AI 技术支持下可能更具发展优势。AI 能高效辅助事务性管理工作。例如，行政副总裁制定部门目标时，可借助 AI 自动完成行业数据检索、跨部门会议协调等操作，管理者仅需聚焦决策与需求确认。这种模式使女性管理者得以发挥韧性优势，建立差异化竞争力。

关于年龄结构，国内管理者群体呈现年轻化趋势。相关数据显示，核心年龄层为 35 ～ 40 岁，但 35 岁以下高潜人才占比显著提升。整体而言，管理者年龄带宽较大（28 ～ 50 岁），但 50 岁仍是职业发展的关键阈值。

3.3.3 AI 时代管理者核心能力的提升

正如前文所述，想成为 AI 时代的优秀管理者，必须具备"三个模块、十项能力"的基础素养。而在这一能力模型之下，无论是否具备技术背景，"技术理解力"都已成为管理者最基础、最核心的能力。

作为管理者，你必须对 AI 技术具备一定深度的理解，能够与技术团队高效沟通，精准判断技术方案的可行性与商业价值。你需要能够读懂 AI 分析报告，理解技术人员提供的数据结论，并将其有效转化为商业决策依据。同时，还需具备强大的"技术协作力"，与首席技术官或数据科学家等关键岗位形成稳定的合作机制，深入探讨技术逻辑与落地路径，从而提高团队整体的技术敏感度和响应速度。

在日常管理中，管理者应当持续深化 AI 知识储备，积极参与技术研讨与项目评估工作，包括大模型选型、API 接入评估、智能功能设计等关键环节，以推动 AI 技术与业务场景的深度融合。同时，需密切关注行业动态，通过参加技术峰会、专业培训等活动，提升对行业趋势的研判能力，从而更有效地指导产品设计、用户需求洞察、成本控制及商业化进程推进。此外，应基于"产品逻辑"视角理解技术应用，主动参与产品生命周期管理、用户需求分析等核心工作，系统积累从技术研发到市场落地的全链路实践经验。

管理者必须具备战略性洞察与组织变革推动能力。面对竞争激烈、节奏加快的商业环境，应不断关注对手的 AI 布局与产品策略，打造适配自身企业文化的"AI 组织氛围"，以系统性思维引领团队完成迭代升级。管理者的风格与领导力，将直接影响团队的信任度与执行力，因此应在工作中持续回答三个关键问题："你是谁？""你的团队具备怎样的能力结构？""你想实现什么目标？为什么值得别人追随你？"这些问题，本质上是在考验管理者的价值观、团队认知力与客户洞察力，也反映出其是否具备独立思考、有效判断的能力。

在这样的背景下，AI 时代的管理者，不仅要持续构建战略管理能力，更需熟练运用 AI 工具、数据方法论等辅助系统进行战略建模与商业决策。唯有如此，才能具备推动组织变革的能力，掌握激励团队、化解冲突、实现组织韧性的系统方法。

在实际招聘中，企业对管理者的"复合能力"要求也愈发明显。J 总提起他曾在朋友圈发布过一则极具代表性的岗位需求：一家面向 C 端、专注知识付费的早期 AI 技术公司，招聘海外品牌传播负责人。这个岗位不仅要求候选人英语流利、熟悉海外品牌策略，还需对金融、教育、心理学等领域有所了解，并对 AI 行业具备高度兴趣。岗位月薪 4 万元起。对此，J 总坦言："AI、心理学、资深品牌传播，这三个词任何两个组合都已很难招到合适人选，要三者兼具，是'极难'的。但企业就是需要这样的人才。"他指出，这种复合型的人才稀缺，使得招聘周期变得更长，成单过程更复杂。

这背后反映出一个重要趋势：AI 时代对管理者的要求，已经从"拥有结果"转向"具备过程解决力"。企业更关注你是如何完成项目的，而不仅仅是完成了什么。特别是在 AI 领域的初创公司，创始人对所需人才的画像往往不够清晰，但对"复合型、系统型、落地型"人才的渴望是高度一致的。

这意味着，作为候选人，管理者不仅要讲清楚项目经历，还要深度拆解其中的关键过程，提供可验证的数据、案例与方法论，有时甚至要现场推演解决方案，以验证实战能力。与此同时，面试流程也越来越严苛和精细：业务线、技术线高频交叉评估，层层过滤之后，才可能进入录取环节。

这一趋势不仅改变了招聘逻辑，更预示着未来管理者画像的根本性变化。管理者不再是某一领域的专家，而是横跨战略、技术与人文的"复合型组织引领者"。这是 AI 时代管理者必须正视也必须主动进化的核心能力方向。

3.3.4　管理者能力成长阶梯与自我评估及建议

1. 能力矩阵

（1）管理者能力成长阶梯如表 3-2 所示。

表 3-2　管理者能力成长阶梯

成长阶梯	角色定位	核心能力	典型挑战	关键行动
初级管理者	执行者	沟通协作、任务管理	执行力差、反馈不足	学会任务拆解、每日复盘、与上级的预期目标达成一致
中级管理者	团队领导者	目标管理、人才培养	带人难、绩效压力大	建立团队目标体系、定期一对一沟通、组建关键人才池
高级管理者	业务负责人	战略拆解、资源配置	决策模糊、协调困难	学习 OKR 拆解法、跨部门对齐机制、管理预算
组织型领导者	企业合伙人/首席运营官	企业文化构建、战略布局	组织转型、文化落地难	主导文化共创、推进战略实施、布局关键增长引擎

（2）AI 时代管理者能力雷达图如图 3-1 所示。

能力维度：技术理解力

能力说明：能够理解 AI/ 数据等技术原理及业务影响

自评等级（1 ～ 5）：★ ★ ★ ☆ ☆

提升建议：每月学习一门 AI 相关课程，参与内部技术分享会

能力维度：商业化思维

能力说明：能将技术与业务场景结合，创造经济价值

自评等级（1 ～ 5）：★ ★ ☆ ☆ ☆

提升建议：学习案例如美团智能配送、盒马库存优化

能力维度：战略定力

能力说明：面对趋势与动荡仍能稳住战略主线

自评等级（1 ～ 5）：★ ★ ★ ★ ☆

提升建议：每季度复盘战略假设，参与战略制定或评估

能力维度：全球化视野

能力说明：能关注并吸收国际先进技术和运营机制

自评等级（1 ～ 5）：★ ☆ ☆ ☆ ☆

提升建议：跟踪 MIT、OpenAI 等国际资源，参与行业出海项目

能力维度：组织引领力

能力说明：能带动团队转型升级，形成正向文化氛围

自评等级（1 ～ 5）：★ ★ ★ ☆ ☆

提升建议：建立团队学习机制，组织 AI 项目落地

图 3-1　AI 时代管理者能力雷达图

（3）AI 管理者转型路径如图 3-2 所示。

起点角色	典型转型路径	关键成长里程碑	推荐工具 / 方法
技术经理	技术落地 ↓ 场景理解 ↓ 商业化探索	从功能实现者到价值创造者	技术变现地图 / MVP 测试法
营销负责人	客群分析 ↓ AI 洞察 ↓ 智能营销流程	从流量运营到客户智能决策者	CRM 自动化 / 精准营销工具
战略管理者 / 首席运营官	数据决策 ↓ 战略导航 ↓ AI 文化建设	从规划者到生态构建者	战略地图 / AI 人才引进模型

图 3-2　AI 管理者转型路径

（4）复合能力映射矩阵如表 3-3 所示。

表 3-3　复合能力映射矩阵

能力层级 / 能力类型	技术理解力	商业模型设计	战略前瞻力	人才领导力
初级（执行层）	☑	✘	✘	☑（基础）
中级（管理层）	☑☑	☑	☑	☑☑
高级（决策层）	☑☑☑	☑☑☑	☑☑☑	☑☑☑

（5）AI 落地能力构成图（场景驱动法）如图 3-3 所示。

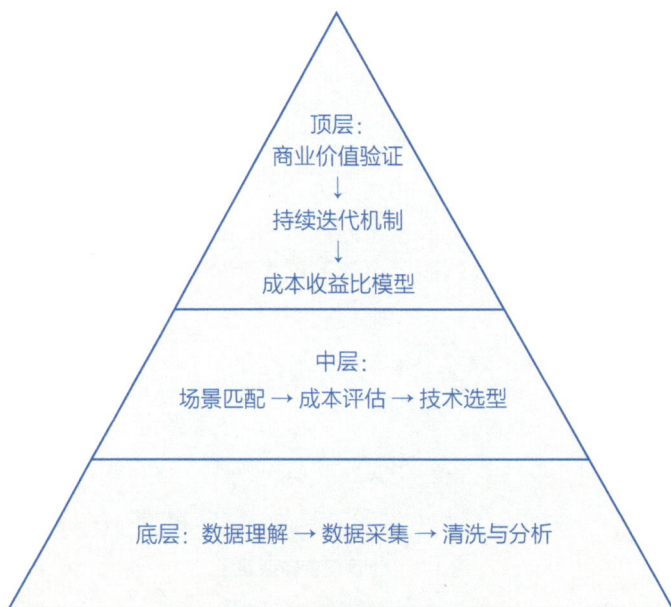

图 3-3　AI 落地能力构成图

2. 能力评估

　　管理者应通过系统的自我评估与团队互评，准确识别个人及团队在 AI 能力方面的短板，并据此制定针对性的提升方案。例如，某管理人员在评估中发现，自身在技术理解深度与全球化视野维度存在明显不足，随即制订了分阶段的学习计划：一方面系统学习 AI 基础知识；另一方面积极参与国际行业交流活动，以有效弥补能力缺口。

3. 自我评估与转型路径及建议

（1）管理者 AI 能力自我评估表如表 3-4 所示。

表 3-4　管理者 AI 能力自我评估表

能力维度	能力描述	自评（1～5分）	团队互评（1～5分）	差异说明 / 反馈
技术理解力	是否理解 AI 基本原理、模型原理与落地流程	3分	2分	了解理论但应用不熟练
商业化思维	是否能结合业务场景设计 AI 驱动的商业模型	4分	3分	需提升落地案例分析能力
战略定力	是否有长期目标意识，能引导 AI 项目符合战略发展方向	2分	2分	容易被短期事务打断

（续表）

能力维度	能力描述	自评 （1～5分）	团队互评 （1～5分）	差异说明 / 反馈
全球化 视野	是否关注国际 AI 趋势，有全球经验或合作能力	1 分	1 分	几乎不涉猎，缺乏国际信息输入
团队 引领力	是否能推动组织学习、协作与文化适配 AI 变革	4 分	4 分	较强的团队驱动能力

（2）能力缺口识别与提升路径制定表，如表 3-5 所示。

表 3-5　能力缺口识别与提升路径制定表

能力维度	当前 得分	目标 得分	差距分析	阶段 目标	行动计划
技术理解力	3 分	5 分	懂基础知识，但项目应用不熟练	3 个月提升到 4 分	每周参加 1 次技术沙龙，参与内部 AI 模型训练项目
全球化视野	1 分	4 分	几乎没有国际参与或信息输入	6 个月提升到 3 分	加入跨国 AI 学习社群，每周阅读 1 篇英文行业报告
战略定力	2 分	4 分	缺乏战略思维和结构性规划能力	4 个月提升到 3 分	跟随高层制定战略计划、学习战略地图与 OKR

（3）AI 管理团队能力盘点数据表如表 3-6 所示。

表 3-6　AI 管理团队能力盘点数据表

成员	技术理解力得分	商业化思维得分	战略定力得分	全球视野得分	团队引领力得分	总评备注
张经理	3 分	4 分	2 分	1 分	4 分	技术型，需丰富战略与国际经验
李总监	5 分	3 分	3 分	4 分	4 分	技术娴熟，视野广
赵主管	2 分	3 分	2 分	1 分	3 分	整体能力偏弱，要重点培养
团队平均值	3.3 分	3.3 分	2.3 分	2 分	3.7 分	建议全员参与"AI战略工作坊"

（4）AI 管理者能力提升路线（6 个月示例）如表 3-7 所示。

表 3-7　AI 管理者能力提升路线

月份	学习内容	实践活动	预期成果
第 1 个月	AI 基础课程（在线）	团队内部讲解 AI 应用案例	熟悉基本 AI 术语与逻辑
第 2 个月	数据分析与可视化	使用 Power BI 分析部门 KPI	输出一个业务仪表盘报告
第 3 个月	商业化案例研究	模拟制定 AI 落地业务方案	提交可行性方案 PPT
第 4 个月	战略地图与 OKR 方法	参与公司季度战略会	输出个人 OKR 并与组织目标相统一
第 5 个月	国际 AI 论坛 / 报告阅读	分享一篇英文行业趋势报告	提升英文读写能力，打开目标视野
第 6 个月	能力复盘与行动计划	制作个人成长图谱 + 汇报展示	明确后续学习路径与定位

对初级管理者而言，提升技术理解力与商业化思维是其亟待完成的任务。他们需要积极投身于各类 AI 项目，借此积累丰富的实践经验。同时，系统学习 AI 基础知识，诸如机器学习、自然语言处理等。此外，参与产品功能设计，深入理解用户需求与市场动态。对那些从传统行业转型至 AI 领域的管理者来说，制定 AI 战略无疑是其必修课之一。他们必须成功地将 AI 技术应用于具体的行业场景，从而为企业创造价值。在此过程中，管理者需要引领团队共同学习 AI 技术，积极推动企业的数字化与智能化转型。

以制造业为例，管理者可以通过引入 AI 驱动的预测性维护系统来有效降低设备故障率，从而提升生产效率和产品质量。此外，AI 技术还可用于优化供应链管理，通过精准预测需求和优化库存管理等方式，显著提高企业运营效率。

在 AI 时代，初级管理者肩负着重要使命。他们需要持续提升自身的技术素养和商业思维能力，带领企业在数字化转型的道路上稳步前进。

中级管理者需要聚焦在增强战略定力和全球化视野上。他们应积极参与企业战略规划，学习如何制定长期目标。对外，需密切关注国际 AI 技术发展动态，并参与国际合作项目；对内，应提升领导力，推动跨部门协作项目的顺利实施。

在技术初创企业中，具备技术背景的管理者需培养商业化思维，促进技术落地。例如，可将 AI 技术应用于客户服务领域，开发智能客服系统，以显著提升客户满意度。同时，他们还需强化内部领导力，带领团队完成多个 AI 项目。

全面掌握核心能力并主导企业 AI 战略与变革的管理者，通常是企业的首席执行官或首席运营官。他们负责制定企业 AI 战略，统筹技术研发与商业化落地进程，主导国际化战略以拓展全球市场，同时推动组织变革，建立以 AI 为核心的企业文化。

各级管理者的转型路径及建立如表 3-8 所示。

表 3-8　各级管理者的转型路径及建议

管理者阶段	关键挑战	核心能力建设方向	实践建议与转型路径	典型 AI 应用场景
初级管理者	技术素养不足、缺乏商业思维	技术理解力、商业化思维	• 系统学习 AI 基础知识（如 Coursera、网易云课堂） • 参与 AI 项目实践，积累项目经验 • 参与产品设计，理解用户与市场	• 预测性维护（制造业） • AI 智能客服（服务业）

（续表）

管理者阶段	关键挑战	核心能力建设方向	实践建议与转型路径	典型 AI 应用场景
中级管理者	缺乏战略视野、国际视角	战略定力、全球化视野	• 参与公司战略规划与 AI 项目决策 • 关注全球 AI 发展（如参与国际会议） • 推动跨部门合作	• 供应链优化 • 智能推荐系统
高级管理者	统筹难、文化转型压力大	综合领导力、AI 战略构建能力	• 制定企业 AI 战略与文化导入路径 • 协调技术研发与商业化 • 推动组织结构调整	• 企业级 AI 平台建设 • 企业文化智能转型
转型者（传统行业）	深入了解行业，但 AI 落地困难	AI 场景转化能力、技术转型引领力	• 借助顾问获取或学习 AI 行业解决方案 • 建立企业 AI 学习小组 • 引入试点 AI 系统（如 CRM 智能助手）	• AI 质检 • 智能排产与优化

总之，在 AI 时代，企业管理者需具备四大核心能力：技术理解力、商业化思维、战略定力和全球化视野。通过能力矩阵进行自我评估并明确转型路径，管理者能够实现从技术专家到行业领袖的跨越。要成为年薪千万的高管，必须在新兴赛道抢占先机，深耕行业，最终引领变革。无论是 AI 企业首席运营官推动技术商业化，还是传统行业管理者主导

智能化转型，都印证了管理者能力图谱在 AI 时代的关键作用。通过持续学习、实践与迭代，管理者能够在快速变化的商业环境中脱颖而出，成为推动企业 AI 战略落地的核心力量。

成长赋能

❋ 真正的管理者不是通才也不是专才，而是能以一带全、以全御变的掌舵人。

❋ 企业走多远，取决于管理者是否拥有跨边界、跨学科、跨角色的能力图谱。

❋ 高管的能力图谱是成功转型的地图，每一项能力的提升，都是企业未来竞争力的加速器。

❋ 在 AI 时代，高管的核心能力不仅是技术决策，更是如何用智慧和远见引领组织走向未来。

❋ 单一能力构建稳定，复合能力构建增长。未来的管理者，是认知上的"战略家"，行动上的"实践者"，协同中的"整合者"。

第 **4** 章

复合战略定力：

长期主义与动态应变的组织张力

在AI 时代，企业面临着前所未有的变革与挑战。管理者只有具备卓越的战略定力，才能在复杂多变的市场环境中引领企业稳健发展。本章将系统阐述战略定力的核心要素，帮助管理者构建战略思维体系，并通过清晰的价值观引领，推动企业实现可持续发展和长期战略目标。

4.1
战略定力的复合价值

我和全球 500 强企业管理者 W 总关于战略定力的对话如下。

W 总：战略定力的核心在于价值锚定与长期主义。以大宗商品贸易行业为例，传统依赖价格波动套利的商业模式正面临市场透明化与数字化的冲击，利润空间持续收窄。我们企业管理层秉持"从贸易商向供应链服务商转型"的战略定力，始终聚焦为客户创造长期价值。通过构建"供应链集成服务"模式，将单一的商品买卖升级为涵盖物流、金融、信息服务的综合解决方案。

在我看来，战略定力这一概念与 AI 技术本身并无直接关联。AI 技术的兴起不会改变企业既定的战略方向，因为战略定力植根于企业清晰的使命与愿景。然而，战略定力能够有效引导 AI 技术的应用方向。我们打造的"智慧供应链大脑"正是这一理念的实践——运用大数据与 AI 算法持续优化供应链效率，始终坚持长期价值导向，避免陷入"技术狂热"的误区，确保 AI 应用始终服务于价值创造的根本目标。

举例来说，我们专注于服务贸易领域，AI 或许能够帮助我们优化成本结构、提升决策效率，或者提供更高效的工具支持。然而，这种技术赋能具有行业普惠性，所有市场参与者都将获得相似的技术红利，最终导致行业竞争基准的整体提升。企业战略的核心差异不在于技术工具本身，而在于如何运用这些工具实现长期战略目标。无论选择深耕流通贸易服务还是品牌服务，这些宏观战略定位都不会因 AI 技术的出现而发生本质改变。关键在于明确 AI 应用的战略方向——无论是提升客户体验还是优化运营效率，都必须确保技术应用与业务价值创造保持高度一致。我们在转型中始终秉持"为客户创造价值"的战略导向，将 AI 技术精准应用于供应链体系的优化与重构，而非盲目追求技术应用本身。

我：　您是如何定义"战略"的？贵企业的战略又源自何处？

W 总：　企业战略的核心源于市场需求与自身资源禀赋的精准匹配，其本质在于战略取舍能力。现代企业面临的关键挑战不仅在于业务拓展的"有所为"，更在于战略聚焦的"有所不为"。

　　在实践中，许多企业偏离发展轨道，往往源于缺乏清晰的战略优先级设定——即便确立了"成为行业领导者"的宏伟愿景，也必须将其分解为可操作的五年发展规划，并进一步细化为年度经营目标和具体产品布局。

　　以国有企业为例，我们的核心竞争优势主要体现在两个方面：一方面是强大的品牌公信力，另一方面是卓越的资源整合能力。在品牌服务领域，客户普遍认可国企不会为短期利益而损害长期合作关系的经营理念，这种信任背书使我们在与大型品牌商谈判时具有独特优势。同时，金融机构等合作伙伴也更倾向于选择我们，他们看重的是国企稳健经营、严守契约的商业信誉。正

是基于这些独特的资源禀赋，结合对市场需求的深入
洞察，我们才能制定出真正符合自身特点的战略发展
路径。

我： 在企业战略转型过程中，新兴业务的开拓往往需要全新
的决策框架。当评估一项创新业务时，管理层必须审慎
考量资源投入的合理性，此时 AI 技术可发挥关键的辅
助决策作用。具体而言，AI 驱动的市场调研与行业分析
能够为战略决策提供数据支撑，特别是在行业趋势研判
和机会评估等关键环节，其分析结果可为决策者提供重
要参考依据。

W 总： 企业战略定力的本质在于坚守清晰而宏大的愿景目标。
以阿里巴巴"让天下没有难做的生意"这一愿景为例，
其核心价值主张并未因 AI 技术的兴起而发生改变，尽
管具体实施路径可能随技术发展而优化调整。这充分说
明，AI 在当前发展阶段仍属于战略执行工具，而非能
够颠覆企业根本战略方向的变革力量。

为更准确理解这一观点，我们可以区分信息化与数
字化的本质差异：信息化主要体现为业务流程的线上迁
移，如将手工记账转为电子化操作，这属于效率提升层
面的改进；而数字化则代表着业务逻辑的根本重构，如

通过自动化技术实现中后台职能的整合与再造，从而彻底革新传统业务流程。这种区分有助于我们准确把握 AI 在企业转型中的定位——其真正的战略价值并不止于技术应用本身，而在于如何通过技术重构来创造新的商业模式和价值主张。

4.1.1　从长期视角看战略定力

战略与文化的核心要素是价值观。在当今商业环境中，可持续性已成为全球企业的战略要务。广义而言，战略定力是指企业在满足当代人需求的同时，不损害后代人满足其需求的能力。注重可持续性不仅能提升企业运营效率，更能创造新的商业机遇和竞争优势。

在企业实践中，战略定力具体体现在以下四个方面。

（1）长期视角：具备战略定力的管理者不会急功近利或目光短浅，而是始终着眼于企业的长远发展目标。

（2）决策果断：战略定力使管理者在面临挑战时仍能迅速做出决策，并确保行动与战略方向保持一致。

（3）稳定性与一致性：管理者在执行战略时需保持连贯性，确保每个决策都服务于同一战略目标，而非因外部压力或短期利益频繁调整方向。

（4）克服诱惑与干扰：战略定力要求管理者能够规避短期盈利、市场热点或外界意见的干扰，坚定不移地执行长期战略。

综上所述，凭借战略定力，管理者能够在复杂环境中保持清醒，做出清晰且富有远见的决策。

4.1.2　为什么管理者需要有战略定力

战略定力是指企业管理者在面对内外部环境变化时，能够坚定不移地执行长期战略目标的能力。作为企业决策者，管理者不仅需要具备前瞻性思维，更要在日益复杂且快速变化的商业环境中保持冷静与定力。现代企业面临的不确定性持续加剧，包括激烈的市场竞争、多变的需求趋势及快速迭代的技术革新。在此背景下，管理者必须确保战略方向的清晰性和稳定性，避免因短期波动而偏离既定目标。此外，战略执行往往需要较长时间，尤其是在涉及长期项目或跨部门协作时。战略定力使管理者能够抵御短期干扰，持续推进计划，直至实现预期成果。

作为企业领导者，管理者的战略定力能为团队提供稳定性和信心，确保成员在面对挑战时仍能坚定地遵循企业的发展方向。同时，当企业遭遇挫折或失利时，战略定力有助于管理者坚定决心，通过理性分析和果断决策，找到突破困境的有效路径。对此，我和 W 总的对话如下。

我：在当前企业经营管理中，管理层的战略定力显得尤为重要。即使市场上出现某些看似诱人的盈利机会，若与集团整体战略不相契合，也必须果断放弃。正如您所言，回归初心、立足禀赋、明确自我定位，才是确保战略一致性的关键所在。作为企业管理者，如何在日常运营中保持战略定力？特别是在国有企业同样面临效率考核和 KPI 压力的情况下，又该如何管理团队以维护这种战略定力？

W 总：这是一个极具现实意义的问题。我们必须认识到，任何企业都面临着资源约束的现实挑战，包括有限的资金、授信额度、人力资源及时间成本等关键要素。基于这一认知，作为企业管理者，我的首要管理职责就是建立科学的资源配置机制，确保这些稀缺资源能够精准投放至最契合企业长期战略发展方向的业务领域，而非被分散消耗在短期收益或表面诱人的机会上。

4.2
战略定力培养的实战策略

4.2.1　战略定力的保持：机制与策略并行

在日常运营中，W 总说他们通常会采取以下几种方式来保持战略定力。

（1）建立清晰的战略传导机制。战略制定不仅是企业发展的起点，其关键在于如何将管理者的战略意图有效传导至执行层面。为此，W 总所在企业建立了系统化的战略沟通机制：通过定期召开战略复盘会议、发布内部战略白皮书及组织专项培训等方式，确保全体员工准确理解企业的战略方向和阶段性工作重点。这种自上而下的沟通体系不仅能够有效避免信息传递过程中的失真现象，更能强化团队对战略的认同度，从而形成推动战略落地的强大合力。

（2）设置科学的绩效考核体系。在国有企业管理实践中，效率考核与 KPI 压力是客观存在的管理要素，但关键在于建立科学的指标体系设计原则。W 总所在企业采取的做法是：构建兼顾短期业绩与长期战略的平衡计分体系。具体而言，W 总所在企业摒弃了单一利润增长指标的传统做法，转而采用包含市场占有率提升度、客户满意度改善率、创新能力突破性等维度的综合评估模型。这种多维度的绩效评价机制，能够有效引导管理层聚焦于更具可持续性的发展成果，避免陷入短期利益最大化的经营误区。

（3）强化决策过程中的"过滤器"功能。在应对市场涌现的新机遇时，企业必须建立系统化的项目评估机制。这一决策体系包含两个核心筛选维度：首先是通过量化分析进行可行性验证，其次是评估项目与企业战略愿景及资源禀赋的契合程度。只有同时通过这两重检验的项目，才能进入最终决策程序。这种科学的筛选方法具有双重价值：一方面能够优化资源配置效率，另一方面可以有效防范因非理性扩张带来的经营风险。

（4）在国有企业改革发展的背景下，W 总所在企业着力构建了一种兼具开放性与审慎性的新型企业文化。这种文化特质体现在两个方面：一方面，W 总通过制度设计鼓励创新思维，为员工提供大胆提出新设想的制度空间；另一方面，W 总所在企业建立了严格的论证机制，要求所有创新提案必须经过系统的可行性分析。这种文化范式避免了盲目创新的风险，使组织能够在保持稳健经营的同时，实现创新发展。

（5）注重领导力示范作用。作为企业管理者，W 总的决策行为直接影响着整个组织的战略执行。在日常管理中，W 总始终以身作则践行战略定力原则。具体而言，当面临外部投资或业务拓展机会时，W 总会通过公开决策会议的方式，系统分析其与企业战略的契合度，并详细阐释不予采纳的决策依据。这种透明化的管理方式既发挥了示范引领作用，也强化了团队对战略一致性的认同感。

需要特别强调的是，在危机管理情境下，战略定力的价值更为凸显。即便最完善的战略规划，也难以规避所有突发风险。当遭遇不可预见的经营挑战时，管理者必须做到：在战术层面保持灵活调整的能力，在战略层面坚守核心原则。具体而言，就是要在应对危机过程中，始终确保企业的使命愿景和核心价值观不受动摇。

综上所述，战略定力并非一成不变的固守，而是在动态发展过程中始终坚守企业初心。这种能力要求管理者在复杂多变的内外部环境中寻求平衡：既要具备应对短期波动的灵活性，又要保持推进长期战略目标的坚定性。这种平衡艺术，正是当代企业管理者必须掌握的核心管理能力。

4.2.2　战略定力的保障：组织与文化重塑

在组织与文化转型方面，W 总说他们实施了系统化的变革举措：首先推动思维模式从传统"贸易导向"向现代"服务导向"转变，通过引进具备供应链管理与数字化技术的复合型人才，开展针对性培训，以提升原有团队的数字化能力。W 总所在企业建立了"供应链研究院"和"数字化创新中心"两大专业机构，确保战略转型与技术创新协同发展。在企业文化重塑层面，W 总所在企业实现了从"短期利益驱动"到"长期价值共创"的理念升级。管理者通过制度化的内部宣导和激励机制，将"客户价值创造"确立为核心文化理念。同时，W 总所在企业积极构建数字化产业生态，与上下游合作伙伴开展数据共享与协同创新，最终实现全产业链效率的整体提升。

4.3
如何培养管理者的战略定力

4.3.1　管理者启示：战略定力的三重修炼

（1）方向感：在 AI 与数字化技术快速发展的时代背景下，始终坚持以"为客户创造价值"作为企业发展的核心战略目标。

（2）执行力：通过数据驱动与敏捷迭代，将战略目标分解为可落地的行动方案。

（3）韧性力：通过系统性构建组织与文化转型支撑体系，确保战略定力在全组织范围内得到有效贯彻。

4.3.2　战略定力的培养策略

（1）设定清晰的长远目标：管理者必须始终以企业愿景为决策导向，通过构建包括战略规划制定、定期评估机制和动态调整方案在内的闭环管理系统来确保目标的实现。

（2）培养冷静的思维方式：管理者在面临经营压力和挑

战时，应当保持理性决策，避免情绪化判断。这要求其具备宏观战略思维，能够规避局部短期事件的干扰，从整体发展方向进行系统性分析和决策。

（3）坚持结果导向：培养管理者的战略定力需要建立系统化的战略管理机制，具体包括三个关键环节：首先，基于企业战略目标进行逐级分解；其次，建立科学的关键绩效指标体系；最后，实施定期的战略执行评估。

（4）增强自我认知和自信心：战略定力的形成本质上源于管理者的专业自信。这种自信需要通过以下路径系统培养：首先，持续深化自我认知与专业能力建设；其次，在决策过程中保持独立判断能力；最后，通过实践历练不断强化心理韧性。

（5）定期反思和学习：管理者战略定力的培养应当建立在持续学习与反思的闭环机制之上，具体包含三个关键维度：首先，系统评估战略执行成效，建立结果反馈机制；其次，深入分析行业标杆的成功经验与失败案例；最后，持续吸收战略管理领域的前沿理论与最佳实践。

（6）鼓励失败容忍：战略定力的培养是一个渐进式的过程。在战略实施过程中，失败和挫折不可避免。管理者需要建立科学的容错机制，将失败转化为组织学习的机会，通过系统性的经验总结持续优化战略路径，最终实现战略目标。

4.4
AI 与战略定力

4.4.1 AI 与战略定力的协同

　　AI 与战略定力之间并非对立关系，而是形成了动态平衡的协同效应。AI 为战略定力的实施提供了创新的技术工具和方法论支持，而战略定力则为 AI 的应用界定了明确的方向和边界。在数字化转型背景下，传统依赖历史经验和直觉判断的决策模式已难以适应快速变化的市场环境。AI 通过机器学习算法和大数据分析技术，能够实时捕捉市场趋势演变、客户需求变化和竞争格局动态，为战略决策提供数据驱动的科学依据。例如，某大宗贸易集团运用 AI 预测模型分析大宗商品价格波动规律，据此优化采购周期和库存管理策略，在市场价格剧烈波动中保持了供应链的稳定性。

　　同时，AI 将传统的静态战略规划升级为敏捷的战略校准系统。通过构建数字孪生模型和开展多场景模拟推演，企业能够实时评估战略执行效果，前瞻性识别潜在风险并动态调整战略路径。这种技术赋能显著增强了战略的抗风险能力，并推动战略体系持续迭代升级。美的集团在推进智能制造转型过程中，虽然广泛应用 AI 技术优化生产流程，但始终坚持"产品领先、效率驱动"的战略主线，体现了技术与战略的有机融合。

4.4.2　AI 与战略定力的共生之道

（1）AI 是战略定力的加速器：通过数据驱动与智能分析，增强战略决策的科学性与敏捷性。

（2）战略定力是 AI 的指南针：确保 AI 应用始终围绕企业长期价值目标，避免陷入"为技术而技术"的误区。

在 AI 时代，企业需要将二者有机结合：用 AI 增强定力，即通过智能工具穿透不确定性迷雾，让战略方向始终保持清晰与坚定；用定力驾驭 AI，即在技术浪潮中锚定核心价值，确保 AI 应用紧密围绕企业长期成功展开。正因如此，W 总所在的大宗贸易集团在 AI 赋能下，成功实现了供应链效率的飞跃式提升。然而，更为关键的是，其始终坚守"为客户创造价值"这一战略定力，最终完成了从传统贸易商到品牌服务商的华丽蜕变。

在 AI 时代，企业战略转型不仅需要有清晰的愿景指引，更要求管理者在复杂多变的环境中保持战略定力，确保企业在变革浪潮中不迷失方向。某大宗贸易集团从传统贸易商向品牌服务商的转型历程，无疑是这一理念的典范。

4.5
战略定力的意义和价值

就战略定力的意义和价值，我和 W 总的讨论如下。

我：您所提到的"战略定力"不仅是一种管理理念，更是一种实践智慧，尤其对兼具社会责任和市场竞争双重属性的国有企业而言更具现实意义。在当前全球经济环境快速变化、技术迭代加速，以及政策监管日益复杂的背景下，值得深入探讨的是：国有企业管理者如何在保持战略定力的同时，又能敏锐捕捉外部环境的变化信号，并及时做出适应性调整？换言之，如何有效平衡"战略坚守"与"灵活应变"之间的辩证关系？

W总： 这是一个极具挑战性的问题，也是企业领导者必须面对的核心战略议题。正如您所强调的，战略定力绝非意味着僵化保守，而是要求在坚守企业核心使命的前提下，对外部环境变化保持敏锐洞察，并适时做出战略调整。实现这种动态平衡的关键在于构建完善的"环境感知—战略响应"机制，从而确保企业在战略稳定性和执行灵活性之间找到最佳结合点。

首先，我们需要明确什么是"不可动摇的核心"，即企业的根本使命、愿景和价值观。这些要素构成了企业的精神内核，无论外部环境如何变化，都不能轻易妥协。以"为客户提供高质量服务"这一使命为例，无论市场环境如何变迁，这一承诺必须始终如一地贯彻于企业经营的各个层面。然而，实现这一使命的具体实施路径则需要根据时代特征进行动态调整：在数字化转型背景下，可引入 AI 技术优化服务流程；面对经济周期下行压力，则可通过成本管控提升服务性价比。由此可见，"坚守初心"的本质在于坚持企业的价值内核，而非固守特定的运营模式或实施方法。

其次，为了有效捕捉外部环境的变化信号，需要构建一个多层次的信息收集与分析体系。该体系包括但不限于以下几个方面。

第一，建立行业生态监测网络。通过与行业协会、研究机构、咨询企业及同业企业保持密切合作，实时获取行业动态与竞争态势的一手信息。同时运用大数据分析工具持续追踪消费者行为模式的变化趋势，从而前瞻性地预判市场需求演变方向。以近年兴起的绿色低碳理念为例，该趋势已推动众多传统制造企业向可持续发展解决方案提供商转型。若能及时识别此类趋势并纳入战略规划，将有助于抢占市场先机。

第二，构建跨部门协作的情报共享平台。企业内部各部门通常掌握着各自领域的专业信息：销售团队深谙客户反馈，研发团队洞悉技术前沿。通过建立统一的情报共享机制，可将这些分散信息进行系统整合，形成全局视野。这种协同机制不仅能提升决策效率，更能有效规避因信息壁垒导致的战略盲区。

第三，实施定期情景模拟与压力测试。在不确定性加剧的背景下，我们无法完全依赖历史数据预测未来。因此，情景模拟与压力测试能够有效评估潜在风险及其对企业战略的影响。例如，若关键原材料价格突然上涨，企业是否具备足够的供应链弹性以应对冲击？若新兴竞争对手凭借颠覆性技术进入市场，企业是否有相应的创新储备予以应对？这些问题均需提前研判并制定预案。

此外，当外部环境发生重大变化时，企业需在保持战略主线的前提下，迅速调整战术以灵活应对。在此可借鉴"双轨制思维"模式：一方面，持续推进既定战略目标，确保长期价值创造不受干扰；另一方面，针对短期挑战设立专项工作组，集中资源应对突发问题。以疫情期间零售行业为例，众多企业在坚持线下门店扩张战略的同时，迅速推出线上直播带货等应急措施，有效缓解了现金流压力。这种主次分明的策略安排，既维护了战略连贯性，又提升了企业的适应能力。

需要特别强调的是，管理层的心态建设同样至关重要。在高度不确定的环境中，恐惧与焦虑往往放大短期波动的影响，进而干扰长期决策。因此，领导者需培养"反脆弱"思维——将每次危机视为成长机遇而非单纯威胁。例如，面对国际贸易摩擦加剧，部分出口导向型企业通过深耕国内市场，反而开辟了新的增长空间。这种积极应对的态度，正是战略定力的重要体现。

总而言之，"坚守初心"与"灵活应变"并非对立关系，而是相辅相成的关系。企业唯有在明确核心使命的基础上，持续优化资源配置、强化信息感知能力，并以开放包容的心态应对变化，方能实现"稳中有进"。这正是现代企业领导力的精髓所在。

4.5.1　战略定力的意义

战略定力对企业发展的意义主要体现在以下四个方面。

（1）明确企业发展方向：拥有战略定力的管理者能帮助企业明确未来的目标和方向，不会因短期市场变化而偏离既定战略方向。

（2）提升企业抗风险能力：在经济波动或市场不稳定的情况下，战略定力可以让管理者引领企业度过危机，保持战略执行的一致性。

（3）提升组织凝聚力：当管理层展现出坚定的战略信念并持续推动战略落地时，将显著增强员工对企业的信任度。一个有战略定力的领导者能帮助团队建立起长期目标导向，形成持续奋斗的组织文化。

（4）可持续性发展：战略定力为企业的发展提供了长期的竞争优势，能够帮助企业从短期竞争中脱颖而出，成为行业领导者。

4.5.2　战略定力的价值

（1）对企业的价值：战略定力对企业具有重要价值，它不仅体现为管理者个人的坚定信念，更是企业可持续发展的核心驱动力。这种定力通过将企业价值观深度融入战略规划，帮助组织保持长期发展目标，实现持续稳健增长，有效规避短期市场波动对长远发展的干扰。例如，萨提亚·纳德拉接任微软 CEO 后，并未因外界压力而采取激进变革，而是坚持既定战略方向，稳步推进云计算转型。这种战略定力最终推动微软成功转型为全球云计算领域的领导者。

战略定力能够帮助企业稳定执行创新战略，形成竞争优势，从而占据市场领导地位。在复杂多变的市场环境中，具备战略定力的企业能够坚守目标，持续推进创新，优化运营效率，同时赢得客户与员工的信任。这类企业能够有效平衡短期利益与长期发展，实现经济效益与社会价值的双重提升，最终在全球竞争中脱颖而出。面对市场的不确定性，管理者的战略定力有助于企业增强抗风险能力，从容应对外部冲击。与此同时，在技术快速迭代的背景下，企业还需在道德规范、社会责任等方面制定长期可持续的决策框架，以确保稳健发展。

（2）对客户的价值：战略定力使企业能够长期保持稳定的产品研发与客户服务，从而增强客户信任。管理者在制定战略时，若能坚守一套清晰、诚信的价值观，将助力企业在激烈的市场竞争中占据优势。随着消费者日益重视品牌的道德标准，将企业运营与核心价值观深度结合，能够有效提升客户的信任度与忠诚度。

管理者通过持续关注客户需求变化，并基于战略目标合理配置资源，能够不断提升产品与服务质量，从而为客户创造长期价值。在当今市场环境中，客户不仅关注产品和服务本身，还日益重视企业在社会责任、环境保护及社会公平等方面的表现。具备战略定力并切实践行核心价值观的企业，更容易赢得市场认可，建立持久的客户关系。

以华为为例，其战略定力使其在极具挑战的外部环境下仍能坚守长远目标。面对美国政府的制裁压力，华为坚持既定研发战略，持续加大自主创新投入，最终不仅确保了技术领先地位，更实现了跨越式发展。这充分说明，战略定力是企业应对不确定性、实现可持续增长的关键因素。

（3）对团队的价值：当管理者能够坚定不移地执行战略目标时，团队成员会对企业发展前景产生更强的信心。这种信心不仅能够激发员工的工作积极性，提升其敬业精神，还能有效降低员工流失率，进而增强组织的整体韧性与稳定性。

具备战略定力的管理者能够清晰地传达战略目标并有效激励团队协作，从而显著提升组织效能。当企业确立并坚守清晰的价值观体系时，员工更易认同企业的长期发展愿景，这种认同感将转化为更高的工作忠诚度，促使员工为实现共同目标而持续投入。

（4）对管理者自身的价值：管理者的战略定力是企业实现从短期波动到长期成功跨越的关键要素。通过持续培养战略定力，管理者能够以更加成熟稳健的方式应对复杂商业挑战，并在长期战略执行过程中逐步建立决策权威与组织公信力。当战略目标最终达成时，管理者不仅能获得显著的职业成就感，更能由此提升个人领导自信，从而进一步增强其影响力。

成长赋能

✳ 在变化面前保持冷静，在机会面前守住边界，这就是管理者的定力修炼。

✳ 短期看判断力，中期看执行力，长期看战略定力。管理者的战略定力，是企业从短期波动中走向长期成功的关键因素。

✳ 企业真正的护城河，往往不是资源，而是管理者的判断力与战略耐心。

✳ 战略是选择的艺术，而定力是坚持选择的能力。战略定力让管理者在复杂的选择面前保持冷静，做出清晰且有远见的决策。

✳ 战略定力是管理者应对经济周期的核心能力，也是实现长期价值创造的关键方法论。在变革时代，这种能力如同企业的战略罗盘，确保组织在复杂环境中保持正确的发展方向。

第 **5** 章

复合学习力:

认知迭代与跨界知识融合

本章旨在帮助企业管理者深入理解 AI 时代学习力的核心价值，以及其对管理决策产生的深远影响，从而为未来业务战略与管理转型提供理论支撑与实践指导。内容聚焦于构建"AI+ 管理"的复合型知识框架，通过将 AI 技术认知与管理理论深度融合，助力管理者推动组织创新与业务优化。同时，通过案例分析，帮助管理者理解跨界学习的重要性，以及如何将不同领域的知识融入实际管理中，从而将所学知识转化为切实可行的行动策略。

5.1
AI 时代的学习力革命

5.1.1　AI 对传统管理思维与决策方式的冲击

在 AI 时代，管理者的竞争优势已从经验积累转向适应新技术与新思维的能力，即学习力。这一转变主要体现在四个方面：首先，决策方式从依赖经验转向基于 AI 工具的数据驱动；其次，组织决策模式由集中化向去中心化演进；再次，战略规划从静态方案调整为动态优化；最后，管理风格从指令式转向赋能员工自主性。在这一转型过程中，AI 技术成为管理者不可或缺的核心能力。

正如行业共识所言：AI 不会取代管理者，但掌握 AI 的管理者必将超越那些不具备 AI 能力的管理者。而驾驭 AI 的前提，正是管理者持续更新认知、快速学习并高效决策的能力。学习力已成为管理者应对 AI 冲击的核心竞争力——它不仅能帮助管理者快速理解技术变革，更能将其转化为决策优势，推动组织在数字化浪潮中保持领先。

5.1.2　管理者在 AI 时代的核心挑战

随着 AI 技术的快速发展，AI 已深度融入企业战略决策、市场分析和生产运营等核心管理环节。在此背景下，企业管理者面临着双重挑战：既要掌握 AI 技术的基本原理，更要具备将其与具体业务场景深度融合的能力。当前，管理者的首要任务在于突破技术与业务之间的壁垒——不仅要理解 AI 的技术逻辑，更要能够将其转化为切实可行的管理决策。

这种将 AI 能力与业务需求精准对接的能力，正成为数字化时代管理者的核心竞争力。

　　AI 的核心驱动力之一是数据。管理者需要理解如何利用大数据、云计算等技术收集、存储和分析数据，以做出科学、精准的决策。在海量数据的背景下，传统的直觉型决策方式可能不再适用，如何在数据洪流中有效地提取有价值的信息并做出精准决策，成了管理者的又一挑战。数据是 AI 技术发展的核心驱动力。在数字化转型背景下，企业管理者必须具备大数据、云计算等关键技术的数据采集、存储与分析能力，以此实现决策的科学化与精准化。面对海量数据，传统依赖直觉的决策模式已显现出明显局限性。如何在海量数据中高效提取关键信息，并转化为精准的商业决策，是现代企业管理者必须应对的重要挑战。

　　AI 技术的深远影响不仅体现在运营效率的提升方面，更在于其对商业生态的系统性重塑——包括业务模式创新、市场竞争格局重构及消费行为变革。在此背景下，企业管理者面临的核心挑战在于：如何构建可持续的创新机制，确保组织在技术驱动的市场环境中保持竞争优势。值得注意的是，AI 时代的加速发展对传统管理能力提出了新的考验。技术迭代周期的急剧缩短，使管理者既有的领导力范式、决

策模式和行业认知都可能面临时效性挑战。若管理思维未能
与时俱进，将直接导致企业的市场竞争力衰退。因此，保持
认知体系的持续进化，避免思维模式的固化，已成为当代管
理者必须突破的关键瓶颈。

AI 技术的成功应用不仅需要技术团队的专业能力，更
依赖于管理层推动的跨部门协同机制。在数字化转型加速推
进的背景下，企业管理者面临着一个关键挑战：如何系统性
地提升组织的 AI 素养，并构建与之相匹配的高效协作体系。

5.1.3　管理者必须具备的技能

在 AI 时代，企业管理者需要重点培养三大核心能力：
敏捷决策能力、技术驱动思维和创新管理能力。首先，面对
信息爆炸和市场剧变的环境，管理者必须提升决策效率，能
够快速识别关键问题并做出精准判断，避免因过度分析而错
失市场机遇。其次，在 AI 技术重塑商业决策的背景下，管
理者不仅要掌握技术应用，更需要具备前瞻性思维，将技术
创新转化为企业发展动能，推动传统业务模式的数字化转
型。最后，管理者需要突破传统管理范式，通过创新组织架
构、管理模式和企业文化，构建可持续的竞争优势。

5.1.4　管理者在 AI 时代的应对策略

当管理者面临技术与业务融合的挑战时，学习新技术是基础要求。管理者需要持续更新 AI 领域的知识，掌握机器学习、深度学习、自然语言处理等技术的基本原理及其应用场景。同时，管理者还应具备跨界思维和跨领域知识整合能力，能够将 AI 技术与传统管理理论、企业战略及运营管理相结合，从而构建跨学科的复合型知识体系。

当面对数据驱动决策的挑战时，具备数据分析能力至关重要。管理者需要掌握如何提取有效信息、解读数据背后的业务逻辑，并建立数据与业务之间的关联。为此，管理者应具备基本的数据分析能力，能够熟练运用数据分析工具辅助决策。同时，还应推动企业构建数据驱动的决策文化，并引导团队提升数据素养。

在快速变化的商业环境中，管理者应如何实现创新管理？首先，管理者需具备创新思维、较强的创造力及持续的内在驱动力。其次，在团队管理方面，管理者需要采用创新方法推动团队发展。此外，在企业成长过程中，管理者应当善于识别新机遇，并将其聚焦于核心业务领域。为了实现这一目标，管理者需要拓宽视野，建立新思想与新方法的关联

能力，同时培养快速学习与适应能力。具体而言，管理者应
持续学习新兴管理理念、商业模式和技术应用，以适应市场
与技术的快速迭代。更重要的是，管理者需具备超越当前市
场的前瞻性思维，主动探索新业务机会，并构建心理韧性，
从而推动组织持续创新。

案例　某跨国零售集团 COO 的 AI 转型实践

背景：L 先生现任某快消品集团首席运营官（COO），
此前具有深厚的技术背景。该集团当前面临三大核心挑战：
供应链持续波动、区域市场需求差异显著及传统营销模式效
能衰减。为此，董事会明确要求其推动 AI 技术与业务运营
的深度融合。

1. 挑战与行动

（1）技术嫁接业务（学习新技术）。

L 先生通过为期三个月的集中学习快速掌握了 AI 核心
知识，并带领技术团队深入分析了盒马鲜生、Costco 等标
杆企业的智能供应链实践案例。经过系统评估，团队最终将
"AI 动态补货系统"确定为核心突破方向。在年度供应商大
会上，L 先生运用 AR 技术现场演示了 AI 预测模型的应用

效果：当系统预测"东北地区雪糕销量将在寒流期间逆势增长 20%"的结果直观呈现时，原本对系统改造持反对意见的经销商代表们陷入了深思。

（2）数据穿透壁垒（数据驱动决策）。

L 先生主导推行了"数据可视化"管理制度，要求各部门在每日晨会上必须展示基于 AI 技术生成的前日运营热力图——仓储部门重点分析货架周转效率数据，营销部门则需解读消费者情绪云图。同时，他亲自开发了"智能决策沙盘系统"，该系统采用交互式设计：区域经理只需通过滑块调整促销参数，即可实时获取 AI 模拟生成的库存变化、竞品反应及利润波动的三维动态分析报告。

（3）创新熔炉计划（创新管理）。

L 先生在企业内部创新性地发起了"AI 创新挑战赛"活动：市场部门运用生成式 AI 工具构思新产品概念，供应链部门则通过数字孪生技术验证方案可行性，最终在两周内成功孵化了包括"可溶解洗发水胶囊"在内的五个创新项目。同时，他推行了"高管跨界实践计划"，要求每位高管每月必须参与跨部门深度交流。例如，财务总监需参与电商直播并担任助播，人力资源总监则需跟随算法工程师参与模型参数调优工作。

（4）AI 素养锻造（团队培养）。

L 先生创新性地设立了"业务技术协调专员"岗位，重点选拔培养既精通业务流程，又能与技术人员高效沟通的复合型人才，并优先考虑内部资深员工转岗。同时，他主导开发了"阶梯式能力认证系统"：当仓库管理员成功通过基于 AI 图像识别的滞销商品鉴别测试后，系统将自动授予其智能仓储调度系统的高级操作权限。

2. 成果

- 18 个月内实现智能补货系统覆盖率达 90%，库存周转率提升 37%，营销费用下降 28%。
- 培养出 23 名"AI 业务技术协调专员"，孵化内部创业项目 7 个。
- 企业从"渠道为王"转向"数据＋体验"双轮驱动模式。

通过对案例的分析可以看出，L 先生在从传统管理者向数字化转型领导者转变的过程中，展现出以下几个关键特质：首先，他具备强大的学习能力，始终保持对新兴技术的求知欲。通过定期开展自我评估，他能够准确识别知识盲区，主动突破舒适区，积极寻求跨领域学习与合作机会。其次，作为团队领导者，他注重提升团队整体的 AI 应用能力，特别是在数据分析、机器学习等关键技术领域的实践应用。同时，系统化的培训机制帮助团队成员持续提升数字化素养。尤为重要的是，他充分发挥了跨部门协调的领导作用，有效促进了技术团队与管理团队之间的深度协作。通过建立高效的沟通机制，确保技术创新与业务需求的无缝对接。

5.2
机器学习与深度学习：
管理者认知升级的工具化应用

在探讨"机器学习"与"深度学习"对决策方式和管理思维的变革性影响之前，有必要先了解这两个概念的基本定义与技术特征。

5.2.1　机器学习如何辅助管理者决策

机器学习作为 AI 的重要分支领域，其核心在于通过算法使计算机系统能够从数据中自动学习规律，并基于学习结果进行预测或决策，而无须依赖显式的程序指令。该技术的本质特征体现在：通过数据驱动的训练过程，使系统能随着经验积累而持续优化。

机器学习模型的训练过程依赖于大规模历史数据集，这类数据集在技术层面被称为"训练集"（training set），其核心功能是为模型提供输入特征（features）与预期输出（labels）的对应关系样本。在模型优化阶段，算法通过分析训练数据中特征与标签之间的映射规律，逐步提升其预测准确度。

因此，机器学习系统的性能表现与训练数据的规模和质量呈显著正相关——数据量越充足、数据质量越高，模型的泛化能力就越强。正如观看视频时，平台会根据用户的历史观看记录推荐可能感兴趣的影片。这种个性化推荐功能依托机器学习技术，通过分析用户的兴趣偏好和行为模式实现。类似的，诸如 Siri、Alexa 或小度等智能语音助手，其核心技术同样基于机器学习算法。这些系统能够识别不同用户的语音特征和方言口音，准确理解语义并执行相应指令。

当前，电子商务平台广泛应用的智能客服系统也是典型应用场景。通过机器学习技术，客服机器人可以精准解析用户咨询意图，提供针对性解答或问题解决方案。在交通领域，自动驾驶汽车依靠机器学习算法实时识别道路环境中的车辆、行人、交通标识等要素，从而做出安全驾驶决策。该系统具备持续学习能力，可通过实际行驶数据不断优化驾驶策略。金融行业同样深度应用机器学习技术。银行通过分析客户的交易流水、信用记录等多维度数据，构建风险评估模型，以此预测贷款违约概率，为信贷决策提供数据支撑。

机器学习辅助管理者决策的具体内容如下。

（1）精准预测与规划：企业管理者可以借助机器学习算法，对市场趋势、销售数据及客户行为进行精准预测。例如，通过回归分析模型预测未来季度的销售额，从而为库存管理、生产计划及营销策略等关键决策提供数据支持。

（2）个性化客户体验：机器学习技术能够有效助力企业洞察客户需求，实现精准化服务与个性化推荐。以电子商务平台为例，系统通过分析用户的浏览轨迹与历史消费数据，运用机器学习算法构建智能推荐模型，从而向用户推送符合其偏好的商品。这种基于数据驱动的个性化服务模式，不仅显著提升了用户体验满意度，也有效促进了客户复购率的增长。

（3）优化资源配置：机器学习技术能够有效优化企业的资源配置效率。以设备维护为例，通过分析设备运行的历史数据，机器学习算法可以准确预测最佳维护周期，从而最大限度地减少非计划停机时间，显著提升整体生产效率。

（4）风险管理：机器学习技术能够为管理者提供更精准的风险管理决策支持。以金融行业为例，银行通过部署机器学习模型，可实时监测异常交易行为以识别欺诈风险，同时基于客户信用数据构建预测模型，从而制定更加科学合理的信贷政策。

（5）自动化决策过程：机器学习技术通过实现分析流程和决策过程的自动化，显著减少了人工干预，从而提升整体工作效率。以客户服务领域为例，基于自然语言处理技术开发的智能客服系统，能够自动识别并处理常见问题，这不仅大幅缩短了客户等待时间，同时使人工客服得以专注于更复杂的服务需求。

（6）改善营销策略：机器学习技术能够为管理者提供数据驱动的营销决策支持。通过深度分析客户行为数据，系统可以精准识别高转化潜力用户群体，同时评估产品受欢迎程度，从而帮助营销团队优化广告投放渠道、制定精准促销方案，最终实现营销资源的最优配置和转化效率的最大化。

5.2.2　深度学习如何辅助管理者决策

深度学习作为机器学习的重要分支，其核心技术原理是通过构建多层神经网络结构来模拟人脑的信息处理机制。这种"深度"架构能够对数据进行多层次的抽象表征，从而自动提取高级特征并完成预测与分类任务。该技术的发展主要依托三大核心要素：首先，大数据时代为深度学习提供了海量训练样本；其次，图形处理单元（Graphics Processing Unit，GPU）等高性能计算硬件的突破显著提升了模型训练效率；最后，持续优化的算法设计不断改进模型性能。这三个关键因素的协同发展，共同推动了深度学习在计算机视觉、自然语言处理等领域的突破性应用。

深度学习采用仿生神经网络架构，其工作原理与人脑神经元的信息处理机制具有相似性。该技术通过构建具有层级结构的神经网络模型，能够对输入数据进行多阶段的特征提取和分析。以商业数据分析为例，系统可通过对产品销售数据的逐层处理，最终抽象出具有决策价值的消费者行为特征。在具体实现层面，深度学习模型展现出显著的分层特征提取能力。以计算机视觉应用为例，初级网络层负责提取基础视觉特征（如边缘和色彩），中间层可识别几何形状等中级特征，深层网络则能完成复杂目标的识别（如特定物体分类）。同时，深度学习还会通过"反向传播"机制，不断纠正自己的错误。每次做出预测后，系统会计算预测和真实结果之间的差距，并用这个差距来调整模型，使下次预测更加准确。

小鹏汽车的自动驾驶技术基于深度学习模型，通过车载摄像头、雷达及传感器实时采集道路与环境数据，持续优化系统的安全性与运行效率。在车辆行驶过程中，系统会同步处理来自多源传感器的数据（包括高清摄像头、毫米波雷达和超声波传感器），准确识别道路障碍物、交通标志、行人及其他车辆等关键信息，并据此做出驾驶决策。小鹏汽车自主研发的自动驾驶系统（XPILOT），其核心技术涵盖感知、决策与控制三大算法模块。该系统在高速公路场景下可实现自动变道、超车及匝道通行功能；在城市道路环境中，则能精准识别交通信号灯、行人及复杂路况，完成智能跟车与主动避让等操作。依托空中升级（Over-The-Air，OTA）技术，该系统可定期进行算法更新与性能优化，持续提升用户体验与行车安全。该技术的成功应用不仅源于先进的 AI 算法体系，更与小鹏汽车在数据积累与模型训练领域的长期投入密不可分。通过海量真实道路数据的采集及深度学习模型的迭代优化，XPILOT 系统在复杂交通场景中的表现持续进步，为用户提供日益安全、智能的驾驶体验。

深度学习辅助管理者决策的具体内容如下。

（1）提高决策的准确性：深度学习能够分析海量历史数据（如销售记录、市场动态等），辅助企业管理者预测未来市场趋势。例如，通过解析过去几年的产品销售数据，深度学习模型可预测未来季度可能热销的产品类别，从而为管理层的战略决策提供前瞻性依据。

以亚马逊的智能推荐系统为例，该系统依托深度学习技术，对用户的浏览、购买及搜索行为数据进行建模分析，进而生成个性化商品推荐。其核心算法包括协同过滤和深度神经网络（DNN），能够精准识别用户兴趣并挖掘潜在需求。类似地，淘宝平台通过收集用户历史行为数据（如商品浏览记录、购买清单及搜索关键词等），利用深度学习算法提取用户偏好，为营销团队提供个性化推广方案，同时辅助管理者优化产品研发策略。从消费者视角来看，深度学习推荐机制的实际应用表现为：当用户购买某款手机后，系统会自动推荐相关配件或与其兴趣相似的其他商品。这种数据驱动的个性化服务不仅提升了用户体验，还显著增强了客户黏性与平台忠诚度。

（2）优化资源配置：深度学习能够通过分析历史销售数据及季节性波动规律，帮助企业精准预测产品未来需求量，从而优化库存管理策略，有效避免库存积压或供应短缺问题。这一技术应用能够显著降低库存持有成本，同时提升资金周转效率。在制造业领域，深度学习技术可对生产过程中的多维度数据进行建模分析。基于这些分析结果，企业管理者能够动态调整生产计划、优化产线资源配置，在减少原材料浪费的同时提升整体运营效率。

（3）提升团队效率：深度学习能够自动处理和分析海量数据，并生成结构化决策报告（如财务报表、销售分析等）。这一功能使企业管理者得以从烦琐的数据处理工作中解放出来，将更多精力投入战略决策层面。在客户服务领域，深度学习技术可赋能智能客服系统——通过语音识别和自然语言处理技术，系统能自动解析客户反馈、提供解决方案。这不仅提升了客户满意度，还优化了服务团队的工作效率。

（4）提升创新与竞争力：基于深度学习的市场分析能力，企业管理者能够通过整合市场趋势、用户反馈及竞争对手数据，精准识别市场空白与创新机遇，从而有效推动新产品或服务的开发进程。具体而言，该技术可系统分析未被满足的功能需求，或预测可能受市场青睐的产品风格，为产品创新提供数据支撑。在复杂决策场景中，深度学习技术能够生成智能决策建议，通过量化评估不同方案的潜在风险与预期收益，辅助管理者快速把握决策要点。这种数据驱动的决策模式显著提升了管理决策的科学性与时效性。

5.2.3　机器学习和深度学习的关系与应用

　　机器学习和深度学习具有共同的核心目标：使计算机能够通过数据实现自主"学习"，并基于学习结果进行决策或预测。这两种技术都致力于从数据中提取规律以优化模型性能，最终实现决策过程的自动化。它们的实现都高度依赖于数据训练这一基础环节。从技术演进的角度来看，深度学习是在传统机器学习基础上发展而来的高级形态。

　　二者的主要区别体现在学习能力的差异：机器学习擅长从数据中识别简单规律，而深度学习则通过深层神经网络架构，能够捕捉数据中更为复杂和抽象的潜在模式。值得注意的是，深度学习的突破性进展得益于两大关键因素：计算能力的显著提升和大数据技术的成熟应用。然而究其本质，深度学习仍然遵循机器学习的基本范式，即让计算机系统具备自主学习和决策的能力。从学科分类体系来看，深度学习属于机器学习的重要分支。作为机器学习领域的一种高阶方法，深度学习通过模拟人脑神经网络的工作原理，显著提升了解决复杂问题的能力。这种技术架构使深度学习在保持机器学习核心思想的同时，具备了处理更高级别认知任务的技术优势。

京东作为我国领先的电商平台，在库存管理和物流效率方面长期面临运营挑战。传统的人工预测与仓储管理模式往往导致库存周转率低下，既存在库存积压风险又难以避免缺货情况，这不仅增加了运营成本，更直接影响了客户购物体验。为应对这些挑战，京东创新性地将机器学习技术应用于供应链管理。

在需求预测方面，平台采用时间序列分析和回归模型，基于历史销售数据、季节性波动及市场趋势等多维因素，构建智能预测系统。该系统能动态调整采购计划和库存水平，有效平衡库存积压与缺货风险。

在物流优化方面，机器学习算法通过分析配送网络数据，智能规划最优运输路径和仓库调度方案，显著提升配送效率。

这一系列技术应用取得了显著成效：京东的库存周转率得到明显提升，库存积压现象大幅减少，同时商品缺货率显著下降。在物流环节，优化后的配送体系不仅降低了运输成本，更确保了订单的准时交付。这些改进共同推动了供应链整体效率的提升，为客户创造了更优质的购物体验。通过机器学习驱动的智能供应链管理，京东实现了运营成本优化与客户满意度提升的双重目标，为企业的可持续发展奠定了坚实基础。

抖音（TikTok）的成功很大程度上得益于其精准的内容推荐算法，该算法已成为平台保持竞争优势的核心要素。为持续提升用户留存率与参与度，抖音构建了基于大数据分析的智能推荐系统，能够为用户提供高度个性化的短视频内容推荐服务。

在技术实现层面，抖音采用协同过滤算法与深度学习技术相结合的方式，对多维用户数据进行深度挖掘。系统通过分析用户的观看历史、互动行为（包括点赞、评论等），以及视频内容标签（涵盖主题、风格、音乐等元素），建立精准的用户画像。

　　基于这些数据，平台能够实时生成个性化推荐内容，并持续优化推荐效果。值得注意的是，系统具备实时学习能力，能够根据用户的最新互动行为即时调整推荐策略。

　　这一智能推荐系统取得了显著成效：平台用户日均使用时长稳定在 90 ～ 105 分钟，用户黏性指标表现优异。同时，该推荐机制有效促进了优质内容的广泛传播，既帮助内容创作者精准触达目标受众，又丰富了平台的内容生态。通过机器学习驱动的个性化推荐系统，抖音不仅大幅提升了用户留存率和平台活跃度，更在全球短视频市场竞争中建立了显著的技术优势。

5.3
终身学习的复合模式

　　终身学习是指个体通过持续的知识更新与技能提升来适应社会发展的过程。这种学习模式突破了传统教育体系的时空限制，其实现形式包括但不限于在线课程、专业培训和行业交流等多元化渠道。在 AI 技术快速发展的时代背景下，终身学习显得尤为重要。一方面，自动化技术正在重塑传统职业格局；另一方面，新兴领域不断涌现出全新的技能需求。这种双重变革要求从业者必须保持对新知识和新技术的敏锐感知，通过持续学习实现职业能力的迭代升级，从而在快速变化的市场环境中保持竞争力。

认知迭代是指在复杂环境中，个体或组织基于新获取的数据和经验持续优化思维模式与决策机制的过程。AI 的核心优势之一是数据处理和模式识别，而人类的优势则在于适应性和创新。在 AI 时代，个人和组织需要培养快速适应变化的能力，灵活调整既有的认知框架，不断进行"迭代"。例如，企业管理者必须利用 AI 工具提升决策质量，但同时也要对新信息进行批判性分析，以避免过度依赖技术。

5.3.1　如何实现终身学习

在数字化、智能化浪潮驱动下，管理者的终身学习能力成为组织持续竞争力的关键来源。实现终身学习，不仅是知识更新的过程，更是认识迭代与跨界融合的实践。

（1）持续关注技术趋势：企业管理者应当通过定期参与行业峰会、技术研讨会及专业论坛等交流活动，持续追踪 AI、大数据分析和自动化技术等前沿领域的发展动态。这种持续性的专业学习机制有助于管理层及时把握技术创新对行业格局的潜在影响，从而为企业的战略决策提供前瞻性指导。

阿里巴巴集团自 2018 年起建立"管理者前沿技术学习机制"，包括鼓励中高层参加如 WAIC（世界人工智能大会）、GMIC 全球移动互联网大会等大型技术会议，同时与清华大学、斯坦福大学等高校开展高管定向学习项目，围绕 AI 在电商、物流、营销等场景的战略影响展开研修。

推荐工具与方法：

- 利用 Google Scholar Alerts 或 *MIT Technology Review, CB Insights* 等权威资源定期订阅行业研究动态；
- 每季度编制一次"技术趋势洞察报告"，作为管理层战略讨论输入材料；
- 设立公司内部"技术雷达"机制（参考 ThoughtWorks 技术雷达模型），定期识别值得关注的新技术并评估其业务适配性。

（2）投资自我学习：管理者可通过多种途径持续学习，如在线课程、专业图书及专项培训项目等。例如，参加 AI、数据分析等领域的课程，有助于提升对新技术的理解与应用能力。保持持续学习的心态，可使自身始终处于不断进步的状态。

腾讯自 2020 年起推行"腾讯大学在线学计划"，中高管可通过内部平台系统学习 AI、数据治理、产品创新等课程。同时引入 Coursera、Udacity 等外部平台优质资源，在企业微信内打通"学习→输出→认证"全链条，形成学习闭环。

推荐工具与方法：

- 利用 Coursera、edX、网易云课堂、得到等平台构建个性化学习路径；

- 建立 Notion 学习档案，记录每周阅读与课程反思；

- 引入番茄工作法与 OKR 机制，提升学习计划执行力与目标达成度；

- 每季度主动输出一份"知识沉淀笔记"或组织同事进行复盘分享。

（3）培养跨学科知识：随着行业融合趋势的深入发展，跨学科知识的重要性日益凸显。管理者应主动拓展非本专业领域的知识储备，如心理学、行为科学及人工智能等学科，这将有效提升其战略视野与创新能力。

字节跳动设有"飞轮学习计划"，鼓励高潜人才进行跨学科训练，如 AI 算法产品经理需研修用户行为心理、内容伦理与跨文化表达等模块。通过与高校合作设置 Mini-MBA 课程，使参与者系统掌握"技术 × 人文"复合能力模型。

推荐工具与方法：

- 设立每半年一次的"跨学科主题挑战"，如"心理学视角下的领导力"；
- 阅读推荐：《思考，快与慢》《人工智能伦理简史》《设计中的设计》等；
- 建立"跨界学习书单"与"词汇关联表"，辅助团队增强横向理解力。

（4）组建学习型团队：管理者应倡导团队成员践行终身学习理念，并通过提供系统化培训机会予以支持。企业可通过知识共享、内部讲座及外部专家交流等方式，逐步构建持续学习型组织文化。

华为持续推进"蓝血十杰"管理培训体系，强调将学习力作为核心领导力指标。通过设立"午间分享会""技术反哺机制""学习积分换项目优先权"等制度，使员工在工作节奏中自然嵌入学习行为。

推荐工具与方法：

- 推行"Lunch & Learn"机制，每月组织一次团队内部分享；

- 建立钉钉／企业微信"学习积分系统"，将课程参与、知识分享与绩效挂钩；

- 邀请外部专家进行"双周讲堂"，引入产业前沿与跨界视角；

- 鼓励员工定期输出"成长复盘"与"微课讲稿"，强化知识内化与传递。

终身学习不是管理者"应付时代"的手段，而是通往持续成长的起点。通过制度化机制、真实落地的学习方法与跨界视野的融合，终身学习力将成为 AI 时代优秀管理者的底层竞争力。

管理者终身学习成长地图模板（五阶段终身学习路径＋三类关键学习资产）如下。

①成长主轴：五阶段终身学习路径如表 5-1 所示。

表 5-1　五阶段终身学习路径

阶段	学习目标	学习内容关键词	学习方式建议
自我觉察阶段	识别自身能力盲区	学习风格、职业性格、管理偏好	MBTI 测试、360°反馈、反思日记
技能升级阶段	补齐管理技术短板	数据分析、OKR 设定、会议管理	在线课程（如 Coursera）、图书、教练反馈
跨界连接阶段	拓展思维边界	心理学、行为经济学、AI 基础	主题读书会、TED Talks、专家讲座
系统化构建阶段	构建知识结构	管理模型、系统思维、战略逻辑	思维导图、Notion 笔记系统、学习地图制作
影响力输出阶段	转化为组织力	教练力、表达力、组织赋能	内部讲座、写作分享、组建学习型团队

②三类关键学习资产（每年自查）如表 5-2 所示。

表 5-2　三类关键学习资产

资产类别	内容清单	检视工具
知识资产	10 本核心管理图书、3 门跨界课程、年度技术趋势笔记	年度读书 / 学习清单、Notion 标签分类
思维资产	3 个管理思维模型、1 张决策逻辑图、1 份成长反思日志	思维导图工具（Xmind）
关系资产	5 位专业导师 / 同行、2 个学习社群、1 位学习搭子	社群地图、学习搭子日历表

③辅助成长工具包如表 5-3 所示。

表 5-3　辅助成长工具包

工具名称	使用建议	适用阶段
Notion / Obsidian	搭建个人学习库与知识地图	阶段 3 ～ 5
Coursera / 得到大学	系统学习管理、AI、心理学等课程	阶段 2 ～ 4
Google Scholar Alerts	订阅前沿研究、技术趋势	阶段 3 ～ 5
管理成长周志模板（自制）	每周目标—学习—行动—反思结构记录	阶段 1 ～ 5
午间快闪学习清单（Lunch & Learn）	每周组织一次 15 分钟内部经验分享会	阶段 5

5.3.2　如何实现认知迭代

认知的成长不是一次跃迁，而是不断在"打破—重建—升级"的过程中实现持续精进。以下四个策略是管理者实现认知迭代的关键路径。

（1）数据驱动决策：用事实重构思维惯性。管理者可借助 AI 与大数据技术提升决策的科学性与精准度。通过实时数据分析和市场趋势研判，及时优化战略决策，从而突破固有思维模式与经验主义的局限。

字节跳动在内部推行"数据前置机制"，管理层在决策时必须提供可量化数据支持，重大产品变更前均需通过 A/B 测试与用户数据洞察。

具体实操建议如下。

- 使用 Power BI、Tableau 或 Looker 等可视化工具，将关键运营数据仪表盘化。
- 定期开展"数据复盘会"，要求每项决策背后有明确的数据依据。
- 设置"假设—验证"机制，在实施战略前先跑通小样本 A/B 测试。

（2）鼓励创新和反思：组织氛围即认知边界。管理者应当倡导团队成员积极提出创新性观点与多元化见解，着力构建开放包容的讨论氛围。在处理复杂问题时，需善于接受多种观点，主动探索创新解决方案，避免受传统思维定式束缚。这种开放型组织文化有助于推动管理者与团队实现认知层面的持续迭代升级。

华为设立"蓝军制度"，蓝军成员以"对抗者"身份参与战略演练，挑战组织固有方案，从而推动管理层在复杂局势中跳出固有认知框架。

具体实操建议如下。

- 实施"观点异议机制"：设立会议中的"逆向思维发言人"，负责提出反方逻辑。

- 设立"每月失败复盘会"：鼓励分享失败教训，团队共建"错题集"。

- 推行"1+1"问题解决法：每个问题必须提出至少两个可选解决路径，避免惯性思维。

（3）快速适应与迭代：认知的本质是速度优势。在快速变化的商业环境中，管理者需要有快速迭代的决策能力。遇到问题时，不仅要快速做出反应，还要通过反馈和数据，持续优化决策和行动方案。这种"快速试错—及时调整"的闭环机制，正是认知迭代的核心所在。

在小米，小范围快速上线、用户数据即时反馈，是产品经理日常操作机制之一。这种"边用边改"的闭环式迭代，推动了小米硬件与软件的持续进化。

具体实操建议如下。

- 用"黄金 72 小时反馈机制"：决策执行后，72 小时内必须收集首轮反馈，避免僵化滞后。

- 落地"PDCA 循环"：Plan-Do-Check-Act 快速循环，

让每个策略处于动态修正状态。

- 使用"Learn Card"工具卡：每次项目结束由团队总结 3 条关键认知升级点，沉淀为共享知识资产。

（4）建立外部网络与合作：输入质量决定认知上限。管理者应当积极建立与外部专家、行业学者及同业管理者的常态化交流机制，通过定期审视与挑战既有认知框架，借助外部专业视角与建设性反馈，持续更新思维模式，有效规避认知偏误风险。

中国平安持续推动高管参与"认知更新计划"，如组织赴高校、科技企业、海外机构开展交叉学习，借助外部视角打破思维边界。

具体实操建议如下。

- 每季度至少安排一次"跨圈访学"，如加入不同领域的圆桌或学术沙龙。

- 建立"反向导师制"：邀请年轻员工或不同岗位者为高管提供反向观察视角。

- 参与"认知共创群"：每月围绕一个前沿主题组织讨论、观点文档沉淀。

5.4
管理者如何构建个人"AI+ 管理"复合知识体系

5.4.1　认知迭代的三大引擎：技术洞察、商业敏感、人文修养

在 AI 时代，管理者的认知迭代不再局限于单一领域的知识积累，而是需要通过技术洞察、商业敏感、人文修养三大维度的协同作用，构建"AI+ 管理"的复合型知识体系。这三大维度相辅相成，既助力管理者在快速变革的环境中保持战略定力，又为企业创新与可持续发展提供持续动能。

1. 技术洞察：从工具使用者到技术赋能者

在 AI 时代，技术洞察已成为管理者的核心竞争力之一。这种能力不仅体现在对 AI 工具功能的理解层面，更要求掌握其底层算法逻辑与应用场景边界，从而有效实现技术向战略价值的转化。

（1）AI 技术的底层逻辑：管理者应当系统掌握机器学习、深度学习及自然语言处理等 AI 核心技术的运行机理，理

解数据驱动决策的内在逻辑与算法优化流程的关键路径。以神经网络为例，通过剖析其基于海量数据的模型训练过程，管理者能够更准确地评估 AI 项目的实施可行性及潜在风险。

（2）技术应用场景：管理者需熟悉 AI 在不同业务场景中的应用，如供应链优化、客户行为预测、智能客服等。通过技术洞察，管理者能够识别哪些业务环节可以借助 AI 实现效率提升或创新突破。

（3）技术趋势预判：AI 技术迭代迅速，管理者需保持对前沿技术的敏感度，如生成式 AI、边缘计算、量子计算等。通过技术趋势预判，管理者可以提前布局，抢占行业先机。

案例　特斯拉的自动驾驶进化路径

特斯拉 CEO 埃隆·马斯克强调将 AI 技术与自动驾驶深度融合，其核心成果之一是 FSD（Full Self Driving）系统。该系统从早期基于规则的辅助驾驶，发展为如今以端到端神经网络为核心的 AI 驱动平台（如 FSD v12），显著提升了车辆的智能化水平与场景适应能力。

在现实层面，特斯拉车辆已实现自动变道、智能召唤、高速自动驾驶等功能，部分用户已在限定条件下体验 FSD beta 版本。这些进展表明，AI 正在重塑汽车产业的技术底座。

在商业模式层面，马斯克提出"RoboTaxi"愿景，即通过完全自动驾驶技术构建无人出租车网络，用户无须购车，仅按需召唤特斯拉汽车。尽管该模式尚未正式落地，但相关功能、法规测试和硬件部署正稳步推进，预计将在未来几年形成新的出行生态。

- 现实已实现：AI 驱动的自动驾驶系统进入实用阶段，技术持续迭代。
- 未来愿景：RoboTaxi 模式有望重构出行方式，催生平台型运营收入。

这类"现实＋愿景"的模式，正成为优秀管理者思考战略转型时的重要参考，即在已有技术基础上评估落地路径，理性解读创新带来的组织变革与商业模式重构。

2. 商业敏感：从数据驱动到价值创造

（1）商业敏感是管理者将技术洞察转化为商业价值的关键能力：它要求管理者具备敏锐的市场嗅觉，能够从数据中发现机会，并通过 AI 技术实现商业模式的创新与优化。

（2）数据驱动的决策能力：管理者应当熟练运用数据分析工具，具备从海量商业数据中提取关键商业洞见的能力。具体而言，通过对用户行为数据的深度挖掘与分析，可精准识别潜在市场需求，并据此开发差异化产品或定制化服务方案。

（3）商业模式创新：AI 不仅是效率工具，更是商业模式创新的驱动力。管理者需思考如何通过 AI 重构行业价值链。例如，利用 AI 预测市场趋势，提前布局新产品线，或通过 AI 优化供应链，降低运营成本。

（4）竞争壁垒构建：管理者需通过 AI 技术构建企业的护城河。例如，利用 AI 算法优化客户体验，增强用户黏性；或通过 AI 驱动的个性化推荐系统，提升品牌竞争力。

亚马逊被公认为全球最具供应链创新能力的企业之一，其在 AI 赋能方面的布局已贯穿"预测—仓储—履约"全链条。通过引入机器学习和预测性分析系统，亚马逊能够提前识别用户购物趋势，对热销商品实现智能预备库存，大幅降低缺货率和滞销风险。

在现实层面，亚马逊的"预见性发货系统"已在北美等市场应用。该系统可在用户尚未下单前，将商品提前调拨至地理位置最优的前置仓，从而压缩配送时效、降低库存周转成本。据报道，这一模式帮助其在多个细分品类实现了交付效率领先与库存成本优化。

在战略层面，亚马逊正探索通过 AI + IoT 构建"无人干预"式供应链体系，未来有望进一步引入自适应算法，实现仓储机器人协同、动态定价、智能补货等模块的全链路自动化。这种愿景正在重塑零售企业的运营底座，并推动传统行业向智能化物流全面转型。

- 现实已实现：预测性分析 + 仓储 AI 优化，显著提升库存周转效率。

- 未来愿景：全链路自动化供应链体系，驱动零售物流平台化变革。

对管理者而言，该案例不仅展示了技术赋能运营的潜力，也强调了"前置判断力"在战略资源调度中的关键作用。AI 不再只是提升效率的工具，更是打通洞察—决策—执行闭环的加速器。

3. 人文修养：从效率至上到人性化领导

在 AI 时代，技术的高效性与人性的复杂性并存。管理者需具备深厚的人文修养，平衡技术效率与人性需求，构建以人为本的组织文化。

（1）情感智能：管理者必须具备卓越的情商管理能力，包括准确识别员工情感需求、及时调节团队氛围等核心素养。以引入 AI 自动化系统为例，管理者应当特别关注由此产生的员工职业焦虑，通过建立透明的沟通机制与系统的技能提升计划，有效引导团队适应技术变革进程。

（2）伦理决策能力：在 AI 技术应用过程中，数据隐私保护与算法公平性等伦理问题日益凸显。管理者必须建立系统的伦理决策框架，既要确保技术应用的合规性，又要履行企业的社会责任。以 AI 招聘系统为例，管理者应当建立算法审计机制，通过定期的公平性检测与偏差修正，从根本上杜绝潜在的歧视性决策风险。

（3）文化塑造与价值观传递：管理者需通过人文修养，塑造企业的核心价值观与文化氛围。例如，倡导"技术赋能人性"的理念，鼓励员工在 AI 支持下发挥创造力，而非被技术所束缚。

案例 萨提亚·纳德拉的『成长型思维』战略转型

自 2014 年出任微软 CEO 以来，萨提亚·纳德拉将"成长型思维"引入微软企业文化核心。他强调技术进步必须以人文精神为支撑，通过构建包容、学习、协作的组织氛围，为企业在 AI 时代奠定可持续发展的文化底座。

在现实层面，纳德拉主导的文化重塑策略聚焦三个维度。

- 价值观转型：从"聪明人文化"转向"学而不厌文化"，鼓励员工在试错中成长。

- 组织沟通升级：打破部门壁垒，推行内部"对话机制"，提升跨职能协同能力。

- 管理者再培训：高管层需接受"同理心＋系统思维"培训，实现领导力的再认知。

这些变革为微软后续在 AI、云计算等核心领域的战略转型提供了稳定支撑。数据显示，微软员工敬业度在过去十年显著上升，协同效率与创新产出明显提升，助力其重返全球科技巨头领跑行列。

未来，纳德拉提出构建"技术＋人文"的双轮驱动管理模式。特别是在 AI 技术逐步介入决策与创作过程后，微软强调以伦理框架、社会责任和用户同理心为基础，打造负责任的 AI 应用体系。这种软硬结合的发展策略，为管理者在高速变化时代提供了重要的战略参考。

- 现实已实现：用"成长型思维"重塑文化，提升组织学习力与协同力。
- 未来愿景：技术与人文共生驱动，打造有温度、有责任感的 AI 企业。

对管理者而言，这一转型提醒我们：在技术飞跃之外，文化与心智结构的升级，是组织保持韧性与进化能力的核心所在。

技术洞察、商业敏感与人文修养并非孤立存在，而是相互协同，共同推动管理者的认知迭代与能力进化。具体体现在以下三个方面：首先，技术洞察为商业敏感提供工具支持。借助 AI 等技术手段，管理者能够更精准地分析市场趋势，从而有效识别商业机会。其次，商业敏感为技术洞察指明方向。管理者需要基于商业价值评估技术应用的优先级，避免因盲目追求技术先进性而偏离实际需求。最后，人文修养为技术与商业提供伦理保障。管理者在技术应用与商业决策中需融入人文关怀，以确保企业的可持续发展并履行社会责任。

5.4.2　埃隆·马斯克的跨界学习路径解析

埃隆·马斯克是全球科技行业的领军人物。他通过整合不同领域的知识和技术，推动了行业的深刻变革，成为跨界学习的典范。作为特斯拉的首席执行官，马斯克引领了电动汽车的革命，并拓展至航天、AI 等多个领域。他凭借跨领域的技术整合能力，打破行业壁垒，促进了多行业的协同创新。

1. 埃隆·马斯克的跨界学习路径

埃隆·马斯克的学术背景涵盖物理学与经济学两大领

域。他创办了太空探索技术公司（SpaceX），并运用其物理学与工程学专业知识优化火箭设计。这种跨学科的知识结构，使他能够将复杂技术转化为实际应用解决方案。马斯克的创新实践不仅推动了电动汽车产业的革命性发展，还通过整合自动驾驶技术、AI 及可再生能源系统，实现了多个行业的协同创新。他的跨界技术整合能力直接促成了三大领域的突破性进展：电动汽车的普及、可持续能源技术的商业化应用，以及智能交通系统的创新发展。

2. 跨界学习的启发

（1）终身学习与跨学科思维：企业管理者应当构建完善的跨学科知识体系，不仅要深入理解自己所在行业的技术，还应拓展其他领域的创新技术与最佳实践。这种跨学科的知识整合能力能够为领导者提供独特的战略视角，使其在复杂的商业环境中精准识别创新机遇，实现突破性发展。

（2）突破行业边界的勇气：马斯克的商业实践充分证明，突破性的创新往往源于对行业边界的大胆跨越和对固有思维模式的彻底重构。具体而言，马斯克创造性地将航天工程技术引入汽车制造领域，实现了跨行业技术融合。

（3）从技术到应用的转化：跨界学习不仅需要掌握理论

知识，更要重视技术在实际场景中的应用落地。企业管理者应当通过技术创新解决行业核心痛点，从而实现商业模式的持续优化。例如，马斯克运用 AI 技术提升电动汽车的智能化水平。

（4）战略眼光与技术结合：企业管理者应当具备战略视野，将技术创新与企业战略深度融合，推动跨领域技术整合，打破行业壁垒，从而构建创新的商业模式。

5.4.3　管理者如何构建"AI+ 管理"复合知识体系

AI 正在重塑管理的基本逻辑。对于当代管理者来说，仅了解业务流程和管理理论已不足以胜任未来的组织治理。构建"AI+ 管理"复合知识体系，需从认知、能力、机制和协作四个层面系统推进。

1. 建立基础认知：掌握 AI 关键概念与场景逻辑

管理者不需要成为技术专家，但必须了解 AI 的核心概念与主要能力边界。

（1）基础术语理解：机器学习、自然语言处理、计算机视觉、生成式 AI 等。

（2）典型应用场景如下。

- 营销：客户细分、用户画像、广告投放优化。
- 供应链：智能补货、路线优化、库存预测。
- 人力资源：人才匹配、员工情绪分析、培训内容个性化。

（3）建议行动如下。

- 每季度至少阅读两篇权威技术趋势报告（如 Gartner、麦肯锡、CB Insights）。
- 关注并订阅国内外主流 AI 商业实战案例平台（如微软 AI Lab、百度智能云等）。

2. 构建实战能力：将 AI 纳入管理全流程

AI 不是"炫技"，而是管理流程优化的"杠杆"。管理者应将 AI 嵌入日常决策和流程管理中。

- 数据驱动战略制定：借助 AI 进行市场趋势预测、竞品情报分析、战略场景模拟。

- 智能化运营管理：用 AI 分析销售数据、预测用户行为，运用机器人流程自动化提升财务、法务、行政等中后台效率。

- 人效提升：利用智能助手自动整理会议纪要、邮件摘要、日程管理，缓解人员压力。

建议行动如下。

- 组织团队围绕实际问题开展"AI 小实验"（如用飞书妙记生成日报）。

- 推动跨部门建立数据使用机制，如每月 1 次"AI+ 业务"协同复盘会。

3. 搭建学习机制：持续追踪技术与场景融合

AI 发展迅速、迭代频繁。构建学习机制是长期掌握 AI 技术的保障。

- 内训 + 外训结合：内部定期开设"AI 思维工作坊"，

邀请技术同事做场景分享；鼓励管理层参加行业 AI 大会。

- 知识结构可视化管理：构建个人"AI+业务"知识图谱；使用工具如 Notion、语雀做结构化学习笔记，形成个人"AI 应对场景手册"。

- 建议行动：每半年进行一次 AI 能力自我评估，重点评估三个阶段：学习成果、实践应用及影响范围。

4. 推动跨界协作：打通技术与管理"语言隔阂"

很多 AI 项目失败的原因并非技术不成熟，而是业务要求与技术实现之间的脱节。管理者必须发挥"桥梁"作用。

- 建立共同语言：管理者要理解技术底层逻辑，技术人员要明确业务目标。

- 设立联合项目组：如设立"AI+营销增长小组"，以问题为导向打通协同链路。

- 引入中台机制：推动数据中台、AI 能力中台与业务场景的对接。

建议行动如下。

- 每月邀请技术负责人通过一对一协作方式，制定
  "AI 赋能业务"的解决方案。
- 在团队 OKR 中加入"AI 协同实践"目标，提高组织
  学习效能。

AI 不只是技术革新，更是管理范式的重构。对管理者来说，真正的挑战是：如何在持续变化的技术浪潮中，稳住方向、优化结构、激活组织，成为未来组织的"智能引擎"。

（1）管理者的"AI+ 管理"进阶路线如表 5-4 所示。

表 5-4　管理者的"AI+ 管理"进阶路线

阶段	目标	实践方式
基础认知	理解 AI 是什么	学术报告阅读，概念图谱整理
应用熟悉	用 AI 能做什么	对照业务流程梳理可用 AI 工具
场景共创	联合技术团队落地	举办工作坊、小实验、实战模拟
能力融合	成为 AI+ 管理"复合型领导者"	构建机制 + 培训 + 长期知识管理体系

（2）管理者 AI 学习地图（AI+ 管理知识体系路线图）如表 5-5 至 5-8 所示。

第一阶段：认知启蒙（第 1～2 周），具体如表 5-5 所示。

表 5-5　认知启蒙

模块	目标	推荐行动
AI 基础概念	理解 AI 术语与原理边界	学习 DeepSeek/ChatGPT、机器学习、NLP、预测分析等的基础概念
典型应用场景	熟悉 AI 在各管理模块的应用场景	浏览 McKinsey、Gartner、亿欧智库、艾瑞咨询、AIIA 官网等行业案例库，收集 5 个对标行业案例
工具熟悉	初识常见 AI 工具	使用 DeepSeek/ChatGPT、钉钉 AI 助手、Notion AI、飞书妙记等完成 1 个实际任务

第二阶段：工具实操（第 3～5 周），具体如表 5-6 所示。

表 5-6　工具实操

模块	目标	推荐行动
AI 驱动决策	学会用 AI 辅助业务判断	建立"每日 AI 洞察"：用 DeepSeek/ChatGPT 预判客户反馈或市场趋势
日常效率提升	用 AI 优化个人管理	每日使用 AI 工具生成周报、会议纪要、邮件摘要、学习笔记等
数据敏感度	提升数据素养	与数据团队共建 1 个简易可视化看板，使用 Tableau 或 PowerBI

第三阶段：团队共创（第 6 ～ 8 周），具体如表 5-7 所示。

表 5-7 团队共创

模块	目标	推荐行动
协同落地	建立跨部门 AI 共创机制	组织"AI+ 业务"小组，围绕 1 个业务难题测试 AI 方案
内部培训	提升组织 AI 认知密度	举办内部分享会，讲述"我和 AI 的一周"实践经验
项目实战	建立 AI 驱动的管理样板	推动一个 AI 微项目，如客户流失预测、人效提升、费用优化等

第四阶段：认知升级（第 9 ～ 12 周），具体如表 5-8 所示。

表 5-8 认知升级

模块	目标	推荐行动
战略思维	AI 视角下的未来组织认知	阅读《思考，快与慢》《超级智能》《第五项修炼：学习型组织的艺术与实践》等图书或《麻省理工科技评论》《哈佛商业评论》精选文章集
技术协同	与技术团队共创场景	每月一次"AI+ 管理"头脑风暴或沙盘演练
持续迭代	建立长期学习机制	搭建 AI 知识库，整理 AI 术语、工具清单与用法

（3）管理者 AI 一周学习清单（适合每周执行 60 ～ 90 分钟），如表 5-9 所示。该表强调"短时间—高频率—小目标—实落地"，每周只需 1.5 小时即可完成基础沉淀。

表 5-9　管理者 AI 一周学习清单

星期	学习任务	推荐方式	时间建议
周一	AI 小词典：学习 3 个新术语	DeepSeek/ChatGPT 解释 + 笔记记录	15 分钟
周二	AI+ 业务：找 1 个 AI 应用场景	阅读咨询公司案例，如艾瑞咨询 AI 智库 / 埃森哲报告等	20 分钟
周三	AI 工具实操：用 AI 写日报或邮件	飞书妙记、Notion AI 等	10 分钟
周四	微复盘：用 DeepSeek/ChatGPT 总结本周重点	提问："帮我总结本周工作亮点与风险"	10 分钟
周五	团队分享：内部 AI 使用技巧分享会	每周一人讲解 AI 用法 5 分钟	15 分钟
周末	思维升级：阅读 1 篇 AI 管理深度文章	相关 AI 管理公众号或 *MIT Tech Review*	30 分钟

（4）管理者常用 AI 工具如表 5-10 所示。

表 5-10　管理者常用 AI 工具

工具名称	用途	适用管理模块
DeepSeek/ChatGPT / Claude	思维整理、决策辅助	战略规划、文案优化、员工沟通

（续表）

工具名称	用途	适用管理模块
飞书妙记 / 语雀 AI	自动会议纪要、文档生成	项目管理、信息沉淀
WPS AI / Notion AI	工作总结、知识管理	目标追踪、日报生成
Tableau / PowerBI	数据可视化	运营分析、绩效管理
ZoomInfo / 天眼查	商业情报分析	市场拓展、竞争监控

（5）5 个可即刻实践的 AI 管理场景清单。

① 钉钉智能助手自动整理日程安排和任务提醒。

钉钉智能助手能够结合用户日历和任务信息，自动提醒重要事项并生成日程建议。

具体操作步骤如下。

● 绑定个人及团队日历。

● 智能助手根据日程自动提醒会议、截止日期。

● 自动生成任务清单，推送工作优先级建议。

● 支持语音或文字输入快速添加任务。

例如，某项目经理通过钉钉智能助手，合理安排每日任务，团队协同效率提升了 20%。

② 钉钉智能助手自动生成会议纪要和工作报告。

钉钉智能助手利用语音识别和自然语言处理技术，自动转写会议录音并提炼关键内容，生成结构化的会议纪要和工作报告，帮助团队高效记录和跟进会议要点。

具体操作步骤如下。

- 会前开启钉钉会议录音功能，确保语音数据完整。
- 会议结束后，智能助手自动转写录音为文字稿。
- AI 技术提炼会议重点，生成条理清晰的会议纪要。
- 根据会议内容自动生成工作报告，明确任务分配和截止时间。
- 通过钉钉推送纪要与报告，支持一键分享给相关成员。

例如，某部门主管利用钉钉智能助手自动生成会议纪要和工作报告，减少了 70% 手动整理时间，提升了团队沟通效率和执行力。

③ 飞书 AI 智能摘要快速提炼长文档核心信息。

飞书内置 AI 智能摘要功能，能够自动抓取长文档中的关键信息，生成简洁明了的摘要，帮助用户高效理解和传达文档重点。

具体操作步骤如下。

- 上传或打开需要处理的长文档（如市场调研报告、项目方案）。
- 启用飞书 AI 智能摘要功能。
- AI 自动生成 2 ～ 3 段核心内容摘要，并支持根据需求调整摘要长度。
- 将摘要一键分享给团队成员，方便大家快速掌握文档重点。

例如，某咨询公司分析师利用飞书 AI 智能摘要功能，高效处理大量市场调研报告，决策响应速度提升了 30%。

④ 腾讯文智进行文档自动分类和标签化管理。

腾讯文智具备文档智能分类和标签生成能力，方便海量文件的快速检索和管理。

具体操作步骤如下。

- 将企业文档上传至腾讯文智管理平台。
- AI 自动识别文档内容，分门别类，生成标签。
- 用户通过标签快速搜索和筛选文件。
- 支持与钉钉、腾讯文档等工具集成。

例如，某大型企业知识管理团队用腾讯文智分类上万份文档，实现资料快速定位，工作效率提升 40%。

⑤ 钉钉学习平台智能推送，实现个性化培训。

钉钉学习平台通过 AI 算法分析员工行为数据与岗位要求，智能推荐定制化的培训课程和学习路径，助力员工精准提升能力。

具体操作步骤如下。

- 员工登录钉钉学习中心，完善个人技能画像与兴趣偏好。
- 系统结合岗位职责与学习历史，智能推送个性化课程与学习路径。
- 管理者可通过后台实时查看学习进度与效果数据，灵活调整培训计划。
- 搭配在线测试与线下实践环节，构建"学—练—用"闭环学习机制。

例如，某制造企业部署钉钉智能学习平台后，员工自主学习积极性提升 30%，关键技能掌握周期缩短 50%，显著提升了岗位胜任能力与团队整体效能。

成长赋能

❋ 成长型领导者的核心特质不在于预知未来，而在于具备快速适应环境变化的敏捷能力。

❋ AI 不会取代管理者的角色，但要求管理者必须具备持续更新认知体系、快速学习迭代以及高效决策的能力。

❋ 学习能力是应对未知挑战时最具可持续性的核心能力。认知的边界并非学习的终点，而是拓展思维维度的新起点。

❋ 认知能力并非固定不变的属性，而是具备持续可塑性的核心素养。在当代管理实践中，管理者最具价值的资产已从传统经验积累转变为适应新技术与新思维的动态能力。

❋ 学习能力是管理者应对 AI 技术变革的核心竞争力，这种能力不仅帮助管理者理解技术本质，更能有效运用技术工具提升决策效率。

第 **6** 章

复合协作力：

情感智能管理力与团队效能升级

在AI 快速发展的时代，企业管理已不再依赖于传统的领导力、战略眼光和技术能力，情感智能管理力正成为管理者必备的核心能力。这种能力融合了共情力、关注力和情绪智力，能帮助管理者在复杂多变的工作环境中实现高效决策、促进团队协作并推动跨职能合作。本章通过理论讲解、案例分析相结合的方式，帮助管理者深入理解情感智能管理力的核心概念，掌握其实际应用技巧，提升管理者在变革管理、团队建设、冲突调解等关键领域的能力。通过培养情感智能管理力，管理者能够更有效地理解并激励团队成员，优化组织氛围，妥善应对职场压力，从而推动企业持续创新和长远发展。

6.1

情感智能管理力的复合价值

情感智能管理力是指管理者在组织管理和领导过程中，

通过运用共情力、关注力和情绪智力等情感智能技巧，有效识别、理解并调节自身及他人的情绪，从而提升团队协作、优化决策质量并增强组织效能的能力。这一能力通过强化领导者与团队成员之间的情感互动，帮助管理者更精准地把握团队需求，激发员工创新与合作精神，有效化解冲突并做出理性决策。同时，情感智能管理力使管理者能够洞察员工的情感需求，充分挖掘其潜能和创造力，从而增强团队凝聚力和工作动力。借助共情力和情绪智力的运用，管理者能够促进团队成员间的信任与协作，提高跨部门合作的效率。此外，情感智能管理力还能帮助管理者有效管理自身情绪，避免决策时受情绪波动干扰，确保决策的客观性和理性。

尽管 AI 在模拟人类情感方面已取得显著进展，但其系统仍无法具备真正的人类理解能力。AI 技术可以提升效率，却无法替代人与人之间的理解与共情；AI 技术能处理海量数据、自动执行任务，但创新思维、道德判断与情感智慧仍属于人类的独有优势。

这种深层次的情感认知能力，正是 AI 时代管理者不可或缺的核心素质。真正优秀的管理者，必须在理性与感性之间游刃有余——既懂战略、能读懂数据，也能洞察人心、读懂团队情绪。在复杂多变的组织环境中，情绪管理、信任建立与文化引领，往往比流程优化更具决定性作用。情感智能不仅是"软技能"，它更成为决定团队凝聚力、员工满意度与组织韧性的硬实力。具备高情商的管理者，能够在人机协作时代中化解焦虑、激发潜能，带领团队走得更远。基于此，我与 H 总（某科技创业公司 VP）的对话如下。

我：在工作中，您有没有遇到过团队情绪波动或沟通不畅的情况？如果有，您是如何应对的？在团队管理中，AI 技术发挥了怎样的作用？

H 总：这种情况在我们公司较为普遍，尤其在新产品线或新业务启动阶段。我们通常会组建专项小组，在固定会议室进行封闭式攻坚。因此，在每周例会中发现项目问题时，我都会第一时间介入了解。实践中发现，任务分配不均或工作量超负荷往往是引发团队情绪波动的主因。

　　对此，我建立了以下管理机制：要求项目负责人根据阶段性汇报情况，动态调整任务分工；通过与核心成员的沟通反馈，结合 AI 工具进行工作量校准，确保分配方案的客观性与公平性；要求项目负责人定期提交核心成员的评估报告，包括项目表现、性格特征及能力优势分析，并借助 AI 工具进行二次校验，以优化人员配置方案。印象最深的是我参与他们项目二期的一次例会。当时我使用 AI 工具对会议进行了全程录音，会后通过 AI 生成的会议纪要发现一个异常现象：某位成员发言频率很高，但有效内容输出较少。出于职业敏感，我回查了原始会议记录，发现该成员多次发言被打断。针对该现象，我深入调查后发现，项目负责人存在不重视团队成员意见、频繁打断他人发言的问题。

为了解决这个问题，我做了三步处理：首先通过 AI 助手获取了关于改善团队互动和调整领导风格的专业建议；其次将发现的问题及解决方案以结构化邮件形式发送给项目负责人；最后安排了一次非正式的咖啡会谈进行后续跟进。

我：怎么样，收效如何？

H 总：效果确实很好。我现在深刻体会到 AI 在处理团队冲突或情绪相关问题时的优势——不必急于以正式会议或强硬态度解决问题。AI 的分析和建议往往更容易被对方接受，因为它基于客观事实，避免了上级的主观判断，同时提供可操作的解决方案。通常，我会先借助 AI 梳理问题，过两天再借咖啡间的偶遇与对方进行非正式沟通。通过这种方式，对方通常会欣然接纳建议。

　　在企业管理中，AI 对提升管理者的情感智能管理力起到了关键作用。以 H 总为例，AI 能够协助其识别情绪、提供共情支持、优化沟通方式、调整任务分配，甚至推荐专业的情绪管理培训方案。这一系列操作使管理者能够更客观地反馈团队状况，并针对情绪问题提供切实可行的建议，从而帮助管理者更好地理解职场中的人际关系动态。在此基础上，管理者可以基于情感智能管理原则，真诚地支持团队成员，给予有效指导，并提供必要的资源，最终实现领导力的正向影响。因此，管理者的情感智能管理力直接影响团队的心态，而团队的心态又决定了组织的未来发展方向。

　　下面我们来看一个案例——谷歌的"亚里士多德计划"。

案例　谷歌的『亚里士多德计划』

　　案例背景：2012 年，谷歌启动了一项名为"亚里士多德计划"的研究项目，旨在探索高效团队合作的关键驱动因素。该研究团队通过大规模数据收集和系统性分析，深入研究了高绩效团队的特征。研究发现，情感智能管理力对团队效能具有显著影响，并最终被确认为团队成功的关键要素之一。

　　现状：谷歌的研究表明，团队的高效运作并非主要依赖成员的个人才智，而是取决于团队内部的情感管理和人际关系处理能力。研究结果显示，决定团队效能的关键因素并非技术专长，而是成员间的相互理解、共情能力、彼此尊重及情感支持。这种良性的情感互动能够在团队中建立坚实的信任基础，从而显著提升整体协作效率。

案例分析："亚里士多德计划"通过对多个团队进行长期跟踪研究，揭示了影响团队效能的关键因素：首先，团队成员间建立情感安全感是基础条件；其次，团队需要形成共同的使命认知和价值取向；最后，团队沟通不仅要聚焦任务目标，还需兼顾成员的情感需求。研究表明，通过明确这些关键要素，能够显著提升团队的情感智能管理力水平，从而推动团队更高效地协作。

案例启发：情感智能管理力与团队绩效存在显著的正相关性。对组织管理者而言，提升团队效能的关键在于培养领导者的共情能力，并建立团队成员间的情感安全感。优秀的管理者不仅需要关注工作任务的完成质量，更应重视员工的情感需求和互动质量，从而为团队创造一个支持、信任的工作环境。

情感智能管理力的核心内容如下。

（1）自我意识与情绪管理：管理者应当具备准确识别自身情绪状态的能力，并能够通过有效的情绪调节策略，避免因情绪波动或认知偏差导致决策失误。

（2）共情与关系管理：管理者通过运用共情能力，能够准确识别并理解员工的需求与情绪状态。这种能力使管理者在团队建设和冲突调解过程中，能够提供更具针对性的支持与解决方案，从而有效提升员工的归属感和工作满意度。

（3）向上管理与影响力：情感智能管理力使管理者能够准确识别并理解上级的需求与情绪状态。通过运用恰当的情绪调节策略和专业的沟通技巧，管理者能够有效改善与上级的工作关系，从而提升其领导效能和决策影响力。

（4）压力管理与心理韧性：在面对压力和挑战时，具备情感智能管理力的管理者能够有效维持情绪稳定与理性判断，迅速适应环境变化。这种能力不仅强化了管理者的抗压韧性，更能确保组织在困境中保持运营稳定性。

6.1.1　共情力：跨职能团队协作的润滑剂

共情力是指个体能够站在他人角度理解并感受其情绪、

想法与需求的能力。对管理者而言，具备共情力不仅意味着识别团队成员的情感状态，更包含对其情绪背后动机的深刻洞察，从而做出恰当的决策与回应。

在 AI 时代，共情力已成为管理者必须培养的理性智慧。管理者的职责往往并非说服团队执行其意愿，而是需要引导团队接受其原本抗拒的任务，并通过有效方式激发团队完成此类任务的积极性。这一过程对管理者的领导能力提出了极高要求。

此外，处理团队冲突与化解矛盾也是管理者面临的常见挑战。共情力在此过程中发挥着关键作用，它不仅帮助管理者建立信任关系，增强团队凝聚力；而且在面对员工的困惑、冲突或压力时，能够提供更具支持性的应对措施。具体表现为：（1）通过理解团队成员的心理需求，优化沟通方式，有效预防误解与冲突；（2）在充分把握团队需求的基础上，制定更具针对性的解决方案；（3）洞察员工情感需求，提供精准支持，从而提升团队归属感与忠诚度；（4）对员工情绪状态做出更贴切的回应，协助其调节情绪，维护团队士气；（5）通过倾听与理解，更准确地把握问题本质，提出切实有效的解决策略。

共情力使管理者能够在复杂的管理情境中，既达成组织目标，又兼顾团队成员的心理需求，实现领导效能的全面提升。

案例

小米的情感智能管理——共情力在企业转型中的实践

案例背景：小米公司自创立以来，始终以创新的商业模式和高效的组织管理体系著称。面对快速变化的市场环境，小米高管团队展现出卓越的情感智能管理力。在企业快速扩张过程中，管理层尤为重视团队成员的情感需求与情绪管理。2018 年企业战略转型后，小米从互联网创业公司成功蜕变为国际化智能硬件与科技企业。在此转型过程中，情感智能管理力对提升员工满意度、促进团队协作，以及提高整体组织绩效发挥了重要作用。

现状：在全球化和跨文化管理的背景下，小米高管团队深刻认识到，企业的稳定与发展不仅依赖于技术创新与产品研发，更离不开有效的情感智能管理力。创始人雷军不仅专注于企业战略规划，还高度重视通过共情力、关注力与情绪智力来塑造企业文化，以帮助员工适应快速变化的工作环境。特别是在小米全球化扩张的过程中，如何提升跨文化沟通能力、增强团队凝聚力并保障员工的情感安全感，成为管理团队的重点关注方向。

案例分析：雷军在与员工及合作伙伴沟通中始终展现出卓越的共情力。当面对业务挑战时，他坚持采用公开透明的沟通方式，倾听员工诉求，深入理解团队成员的情感需求与困惑。以小米海外市场拓展为例，雷军主动与外籍员工开展一对一的深度交流，细致了解其在跨文化工作环境中的情感体验，并切实帮助其解决实际问题。这一管理方式显著提升了员工的归属感与工作积极性。

主动倾听是构建共情力的重要基础。管理者在沟通时应密切关注员工的言语表达和非语言信号，避免随意打断对方讲话或仅仅等待发言机会。有效倾听不仅能让员工感受到尊重和理解，更能强化彼此的情感联结。在管理实践中，AI工具可以发挥重要的辅助作用。例如，当需要指出工作改进建议时，管理者常会使用"这不是针对个人，而是为了提升工作质量"这类表述。然而，这种表述往往会让员工产生认知矛盾。借助 AI 工具进行绩效分析和改进建议的传达，可以避免这种沟通困境。通过分析员工的工作数据，AI 能够客观地指出可优化的方向，使沟通更加顺畅。此外，管理者还可以利用 AI 工具进行沟通技巧的模拟训练。这种人机协同的沟通方式，既能提升管理者的共情力，又能优化团队沟通效率。基于此，我与 H 总的对话如下。

我：作为女性管理者，您在处理团队情感冲突方面是否具备天然的亲和力优势，从而能够更加游刃有余地化解矛盾？

H 总：是的，我始终认为，女性管理者在处理团队冲突时，确实具备某些天然优势。我们往往更重视倾听，对团队成员的情绪状态保持高度敏感，并主动为其提供情绪支持和心理关怀。在实际管理中，我发现，有效的倾听不仅仅是"听见"，还是一种带着理解意图的深度连接。只有当倾听者全神贯注或表达出真实的兴趣，并努力确保理解对方的核心观点时，说话者才会感受到自己的声音被"真正听见"。这种被理解、被尊重的感受，往往是化解冲突的第一步。

　　当然，倾听并不意味着即兴或被动。在与员工进行关键谈话之前，我通常会做好充分准备——包括回顾事件背景、厘清目标、预设对话结构，并借助 AI 工具辅助我厘清问题脉络与沟通策略。这种"感性洞察"与

"理性准备"的结合，是我处理敏感问题时的重要方法。

例如，面对一位能力突出但情商欠佳的核心员工——他工作效率很高，却容易引发同事矛盾——我会格外谨慎。具体而言，我会借助 AI 助手进行预演：首先，向 AI 提供该员工的背景信息，包括学历、工作经历、性格特点及敏感点；其次，明确我的角色定位、沟通目标和预期效果；最后，通过 AI 模拟对话，提前演练如何应对员工可能出现的不同反应和情绪。这种准备能帮助我在实际沟通中更加从容。

在沟通中，我需要确保对方能清晰理解我的沟通目的，同时借此机会与核心员工建立友好关系，展现管理层的关怀。

AI 助手建议我营造安全、信任的沟通环境，并始终保持非评判性的沟通态度。具体而言，在初次见面时，可通过眼神交流、点头示意等肢体语言传递尊重，并通过复述关键信息确认双方理解一致。AI 助手特别提醒，应避免急于提供解决方案，而应优先倾听员工完整表达其想法。在语言组织上，建议采用"我能理解你现在的困惑"或"看得出来，这个问题让你压力很大"等表述，以共情方式回应员工，体现理解与支持。

此外，需警惕偏见与预判——即使面对难以管理的员工，也要保持开放心态，多使用"能否详细说说你的想法"等开放式提问，深入探究其行为背后的动机与情感需求。AI 协助分析员工能力与项目进展后，建议我可以通过协调外部资源为员工提供支持。这意味着，在给予情绪价值后，需立即采取具体行动帮助员工解决问题。同时，AI 还帮助我预设了多种应对模式。例如，若员工对开放式提问不予回应，或者讨论特定话题时出现情绪波动，AI 均提供了相应的共情策略调整方案，以确保沟通灵活有效。归根结底，作为领导者，唯有以真诚的态度和共情力才能真正打动员工。

6.1.2　关注力：保持焦点与清晰决策

关注力是指在信息过载、任务繁多的环境中，个体能够持续集中精力、明确目标并做出有效决策的能力。对企业管理者而言，关注力不仅是有效管理团队和达成业绩目标的核心能力，更是应对快速变化和复杂商业环境的重要素质。在高度复杂的信息环境中，保持清晰的关注力有助于管理者有效过滤无关信息干扰，聚焦关键问题，从而提升决策的精准性和有效性。

面对庞杂的工作任务，管理者需要运用关注力进行优先级排序，合理配置资源，集中力量攻克最具战略价值的任务。这种能力不仅能确保组织始终沿着正确方向前进，还能帮助管理者在复杂情境中迅速抓住问题本质，避免因过度思考而产生决策迟滞。此外，在瞬息万变的市场环境中，强大的关注力使管理者能够快速研判形势、识别核心矛盾，及时做出适应性调整。

从小米的案例可以看出，雷军及其管理团队高度重视对组织战略焦点的把控，特别是在企业实施多元化布局的关键阶段。通过系统化的关注力管理机制，管理者能够有效引导团队集中资源解决核心业务问题。具体而言，小米采取了包括定期绩效反馈、目标导向的团队协作机制，以及个性化职业发展规划在内的多维度管理措施。这些举措不仅确保了组织成员对自身职责与战略目标的清晰认知，更有效规避了因方向偏离导致的资源浪费问题。

在 AI 时代，企业管理者面临的挑战已不仅限于信息过载问题，更在于如何在日益复杂的商业环境中保持战略专注力。通过合理运用 AI 工具与技术，管理者能够系统性地提升专注力管理水平。这种能力赋能管理者在技术驱动的复杂商业生态中实现持续性的复合成长。

1. 设定清晰的优先级和目标

　　策略：AI 驱动的任务管理系统通过智能优先级算法，能够自动识别并评估任务的紧急程度与战略价值。该系统基于历史行为数据及实时情境分析，实现任务优先级的动态优化配置。

　　实践：管理者可在每日晨间通过 AI 助手生成智能化的当日工作计划，该系统不仅提供基于算法推荐的任务排序方案，更能运用自然语言处理技术，自动从电子邮件往来及会议纪要中提取关键行动项。这一技术实现路径有效确保了管理层的注意力资源能够精准投放至最具战略价值的决策节点。

2. 时间管理与日程规划

　　策略：AI 时间管理系统通过机器学习算法，能够智能优化管理者的工作日程安排。该系统通过分析用户的工作行为模式，自动规划最佳专注时段，并采用任务序列化管理机制，有效避免多任务处理带来的认知负荷。

　　实践：在日常工作中，管理者可启用系统预设的"深度专注模式"。在该模式下，AI 助手将基于预设规则自动过滤非紧急通信（如邮件和来电通知），确保管理者能够保持连续、高效的工作状态。同时，系统会根据工作节奏，智能推荐最佳休息时间，从而有效预防工作疲劳，维持持续的认知效能。

3. 减少信息过载与干扰

策略：利用 AI 驱动的信息过滤工具来自动分类和优先处理邮件。AI 可以识别重要信息，并将无关或低优先级的邮件实施延迟处理。

实践：管理者可设定固定时段进行邮件批量处理，在此期间，AI 助手将根据预设规则自动回复常规性邮件。同时，设置"免打扰模式"时段，AI 会自动屏蔽社交媒体和其他干扰源推送等非必要信息源，从而为管理者创造无干扰的高效工作环境。

4. 冥想与专注训练

策略：使用 AI 驱动的冥想应用来进行专注力训练。AI 可以根据用户的状态和情绪，推荐个性化的冥想练习。

实践：建议管理者每日晨间或午间进行 10 分钟的系统

引导冥想训练，重点培养呼吸觉察与身心放松能力。AI 可以通过生物反馈技术（如心率监测）实时调整冥想内容，从而有效提升使用者的注意力集中度，降低负面情绪对工作效能的干扰。

5. 情境切换与休息的策略

策略：使用 AI 工具优化工作与休息的节奏。AI 可以根据脑波活动和疲劳程度，智能推荐工作与休息的时间分配。

实践：在工作中使用 AI 驱动的番茄工作法，AI 会自动触发休息提醒，并根据个体状态推荐适宜的恢复性活动（如适度运动或短暂休憩），确保大脑得到充分放松，从而维持高效的工作专注度。

6. 避免多任务处理

策略：AI 任务管理系统通过智能调度算法，能够实现高效的单任务执行机制。该系统基于任务优先级评估和工作流分析，自动规划最优的任务执行序列，并确保管理者严格遵循"完成一项再启动下一项"的工作原则。

实践：系统实时监控任务执行状态，当检测到管理者出现多任务并行倾向时，立即触发智能提醒机制。这种强制性的单任务处理模式，通过消除任务切换带来的认知损耗，显著提升问题解决的专注度和完成质量。

7. 培养长期专注的文化和习惯

策略：利用 AI 驱动的团队协作工具来提升团队专注力。AI 可以分析团队的工作模式，识别影响专注力的因素，并提供改进建议。

实践：在团队协作过程中，启用系统提供的"深度协作模式"，该模式通过结构化议程设置和环境控制，确保成员在无干扰状态下完成核心任务。同时，系统定期生成多维度的专注力分析报告，包括工作习惯评估、干扰源分析等内容，为团队持续改进工作方式提供量化依据。

6.1.3 情绪智力（向上管理）：优化管理者与上级的关系

情绪智力是指个体感知、理解、调控自身及他人情绪，并运用情绪信息指导思维与行为的能力。对管理者而言，情绪智力不仅关乎团队管理效能，更直接影响其与上级的互动质量。具备高情绪智力的管理者能够准确识别上级的情绪状

态与潜在需求，据此调整沟通策略，确保信息传递的准确性
与有效性。这种能力使其能够以恰当方式表达观点或反馈
问题，显著降低沟通中的误解与冲突风险。同时，出色的情
绪管理能力有助于管理者在与上级互动时营造积极互信的氛
围——通过保持冷静理智的态度，并与上级建立情感共鸣，
从而强化信任基础。

在决策层面，情绪智力帮助管理者理性分析情感因素对
判断的影响，避免情绪化决策。尤其在高压情境下，情绪
智力可助力管理者稳定情绪状态，确保决策的客观性与清晰
度。当与上级产生意见分歧或遇到压力时，高情绪智力使
管理者能够妥善处理双方情绪，将冲突转化为建设性解决
方案。

情绪智力是管理者领导魅力的重要组成部分。通过有效
管理情绪互动，能够展示更强的领导魅力，影响并激励上级
在关键决策和发展规划中给予支持，从而提升其在组织中的
领导效能。

1. 情绪管理与向上管理技巧

真正卓越的管理者不仅需要精通战略规划与数据分析，
更要深谙人性与情感管理之道。向上管理作为管理者的核心

能力之一，是指通过有效管理与上级的关系，促进协同合作、提升工作效率并增强影响力的系统性方法。在接收上级指令时，管理者首先需要具备视角转换能力——主动理解上级的决策立场与关注重点。

以阿里巴巴为例，其业务板块的 CEO 级管理者多为内部培养的资深员工，其中不少是从销售岗位逐步晋升至管理层。这类管理者往往具有深厚的企业文化积淀，但职业经历相对单一。与此同时，阿里巴巴高速发展吸引了大批来自各行业的优秀年轻管理者，他们凭借多元的职场阅历与扎实的专业知识，为企业注入新的管理思维。在其他企业中，年轻管理者常因自视能力超越上级而产生隔阂，但阿里巴巴却呈现出独特的组织生态。尽管外部引入的高薪年轻管理者在专业背景与行业经验上更为出色，但与上级（阿里巴巴内生型高管）的协作尤为紧密。这种高度默契既源于阿里巴巴内生型高管卓越的智能情感管理力，也得益于其对人性的深刻洞察。

一位海外业务线的年轻管理者曾这样评价其上级："S能成为我的领导，关键在于她的思维版图总比我多一块拼图。"这生动揭示了阿里巴巴管理文化的精髓——即便管理者在专业领域造诣颇深，个人视角仍存在天然局限。这种局限并非知识储备的欠缺，而是"近在咫尺却难以觉察"的认知盲区。在阿里巴巴，内生型高管恰恰通过整合年轻管理者的专业洞见，快速把握业务本质，最终成长为该领域的真正掌舵者。

那么，管理者应如何有效管理与上级的关系？在日常工作中，如何实施科学的向上管理策略？

L总是阿里巴巴海外业务板块的管理者代表，有很强的学习力与执行力。作为典型的"空降高管"，她的直属上级就是阿里巴巴内生型高管。在谈及向上管理时，L总强调："有效的向上管理至关重要。当管理者获得上级的充分支持时，不仅能显著降低业务推进的阻力，还能在资源分配、决策审批等关键环节获得更多优势。"

结合前面提及的小米案例，在应对复杂的外部竞争压力时，雷军及其高管团队充分展现了卓越的情绪管理能力。特别是在与股东、投资者及政府监管部门的沟通过程中，小米管理层能够精准识别各方情绪与需求，通过有效的情绪调节和积极的沟通策略，实现利益平衡并推动公司决策的有效实施。面对外部压力，雷军善于运用正向激励与理性沟通相结合的方式，有效维持团队情绪的稳定性，保障工作效能的持续发挥。

在 AI 时代，情绪智力的培养与向上管理效率可借助技术工具实现显著提升。AI 不仅能够辅助管理者更精准地识别上级的情绪需求，还能优化沟通策略、缓解冲突，并为决策提供有效支持。

2. AI 赋能情绪识别与需求洞察

（1）情绪分析与需求预测。利用 AI 驱动的情绪分析工具，实时捕捉上级在会议、邮件或语音沟通中的情绪信号（如语调、措辞、语速），并通过自然语言处理识别其潜在需求和关注点。例如，在视频会议中，AI 工具能够通过分析上级的微表情和语音波动特征，生成可视化的"情绪热力图"，为管理者提供调整沟通节奏的实时建议。此外，基于对历史沟通数据（如邮件往来、聊天记录等）的深度分析，AI 可预测上级在不同场景下的偏好（如偏好数据驱动汇报还是战略愿景描述）。

（2）认知盲区填补与全局视角。借助 AI 知识图谱，整合业务数据、行业趋势和上级的过往决策逻辑，帮助管理者理解上级"多一块的拼图"背后的全局视角。例如，在准备汇报材料时，AI 可自动关联上级过往关注的业务指标，并提示管理者补充关键信息。当管理者对上级决策存疑时，AI

可模拟上级的决策路径（基于历史数据），提供具有情境关联性的解释说明。

3. AI 优化情绪管理与沟通模式

（1）自我情绪调节的实时辅助。基于生物识别技术（如智能手表、脑电波监测头环等设备），可实时监测管理者的压力水平指标（如心率、脑电波频率等），并依托 AI 算法推送即时调节建议（如深呼吸练习、短暂休息等干预措施）。典型应用场景包括：在与上级进行高压力对话时，系统会通过智能设备的触觉反馈功能提示"情绪临界点"，同时自动推荐冷静沟通话术（如请允许我用一点时间整理思路等）。此外，该 AI 系统每日还能生成详细的"情绪健康分析报告"，通过数据建模识别主要压力源（如高频次与上级的会议安排等），并据此推荐针对性的缓解方案（如正念冥想课程等）。

（2）正向沟通的 AI 语言优化。AI 写作辅助工具可有效优化向上沟通的措辞表达，在避免触发负面情绪的同时强化建设性沟通效果。具体应用场景包括：在起草工作邮件时，系统能够自动识别可能引发防御性反应的负面词汇（如"错误""失败"等），并替换为更具建设性的中性或积极表达

（如"挑战""改进机会"等）。在重要会议筹备阶段，该工具可模拟实际对话场景，提供反馈话术建议（如采用"三明治反馈法"，即先给予肯定评价，再提出改进建议，最后表达支持态度）。

4. AI 驱动的冲突管理与关系修复

在实际管理场景中，组织冲突往往不是源于策略本身的问题，而是来自多方协同中的信任缺失、信息壁垒与权力错配。此时，AI 不再仅是技术工具，更是穿透组织复杂结构、协助管理者破解人际难题的关键助力。

例如，C 女士担任某 AI 公司（主营虚拟现实与增强现实业务）高管，负责大文旅行业的业务拓展。近期，她精心策划的数字营销方案推进受阻，令其深感困扰。该方案基于扎实的数据分析与市场预测，具备可靠的市场可行性，却在实施阶段陷入停滞。尽管她多次在正式会议上强调项目价值，并主动向直属上级进行专项汇报，但项目进展依然迟缓。

经深入分析，她发现问题症结在于未能获得跨部门同事的支持。为此，C 女士开始运用 AI 工具系统梳理项目联系人：首先整合所有与会人员及受项目影响的关键人员；其次主动联系潜在利益相关方，包括客户代表和外部合作伙伴，以获取更全面的数据支持。AI 工具还帮助她识别出对项目落地具有决策权的关键人物，特别是负责方案落地的销售总监、需审核宣传内容的法律合规负责人、掌握预算审批权限的财务负责人。经过一系列操作，C 女士不仅利用 AI 分析了不同利益相关者的共性与个性特征，还要求 AI 基于"影响力"和"关注度"两个维度对每位相关者进行评分，最终生成可视化的权力地图。AI 不仅提供了各权利人的权重系数，还针对性地给出了说服策略与多方协同方案。

在 AI 的辅助下，C 女士制定了差异化的沟通策略：对项目核心利益相关者（包括直接上级和销售负责人），她安排了二次专项汇报，详细阐释项目数据、关键节点及实施方案；对财务与法律等支持部门负责人，则重点从投入产出比角度论证项目价值，着重展示客户精准定位的自动化优势及其开拓新增市场的潜力，同时提供 AI 生成的法律风险预判方案作为决策参考。通过这种精准施策的沟通方式，C 女士有效触达各利益方的核心诉求。一个月后，她的活动方案顺利获得批准并进入实施阶段。

在 C 女士巧妙运用 AI 绘制权力地图并精准突破各方阻力的案例中，我们可以清晰看到 AI 在组织冲突管理中的战略价值——它不仅是一个高效的数据分析工具，更成为解读复杂人际网络的关键解码器。当管理者运用 AI 生成的动态关系图谱时，实际上获得了透视组织隐性权力结构的有效工具。这种技术赋能将传统的办公室政治博弈，转变为基于精准数据分析的科学化关系管理。

然而，AI 在组织冲突管理中的价值远不止于权力地图和利益协调，它还正在以更加实时和主动的方式介入日常沟通，帮助管理者在冲突尚未全面激化前识别风险、调整策略，从而构建更加智能和韧性的沟通生态。

（1）冲突预警与解决方案生成。借助 AI 分析工具，可以识别对话中的潜在冲突信号（如频繁打断、否定性词汇），并实时生成化解策略。例如，在会议场景中，AI 通过语音识别技术标记冲突点（如"我不同意"等表述），并在交互界面上推送缓和话术建议（如我理解您的顾虑，或许我们可以换个角度探讨这个问题……）。当管理者与上级产生意见分歧时，AI 能够基于历史成功案例库，生成解决方案模板（如采用"求同存异 + 数据验证"）。

AI 驱动的冲突管理系统将洞察力拓展至实时对话场景，为管理者提供智能化的"冲突预警"功能。当会议中出现潜在分歧时，系统通过语音情感分析技术构建早期预警机制。这种技术应用并非取代人类决策，而是在情绪升级前为管理者提供缓冲空间——通过实时推送的柔性沟通建议，将可能的对立转化为建设性对话的机会。

这个从冲突预警到智能化解的闭环系统，实质上构建了组织沟通的"数字防护机制"。随着 AI 持续学习不同决策者的沟通偏好和行为特征，其生成的解决方案将更具针对性。例如，对数据驱动型管理者自动匹配历史成功案例，为风险规避型同事重点呈现风险控制方案。这种智能适配使冲突管理从标准化应对升级为精准的"关系优化"方案。

（2）关系修复的自动化支持。基于 AI 情感计算模型，可系统评估与上级的工作关系状态，并提供针对性改善建议。具体而言，当系统检测到近期沟通频率显著降低或负面情绪占比上升时，会自动提示管理者安排非正式交流（如咖啡时间），同时智能推荐合适的破冰话题。当出现工作失误时，AI 能够生成结构化道歉方案（例如，我充分认识到该失误对项目进度的影响，现将采取以下改进措施……），并同步提供可操作的问题补救建议。

AI 在人际关系维护方面展现出独特的情感智能分析能力。该系统如同一位全天候的组织关系监测专家，通过解析邮件措辞的细微变化、会议发言的情绪波动及日程安排的疏密程度，能够在人际关系出现明显裂痕前及时发出预警。当系统建议"选择周三下午茶时段进行非正式沟通"时，其决策依据实际上来自对沟通双方生物钟规律、工作习惯甚至饮品偏好多维度数据的综合分析。这种基于数据洞察的柔性关系修复方式，为数字化时代的职场沟通注入了新的温度与智慧。

5. AI 辅助决策与影响力提升

（1）数据驱动的决策支持。AI 决策工具能够将复杂的业务数据转化为直观的可视化图表，有效提升汇报的说服力。在商业实践中，部分管理者倾向于使用过多的专业术语来彰显专业性，这种做法容易造成理解障碍，尤其当汇报对象缺乏相关技术背景时更应避免。

以阿里巴巴为例，该公司在提案汇报中推行"关键词汇报法"：仅保留主语、谓语和关键数据，并要求重点阐述数据背后的业务逻辑。基于这一理念，我们可以借助 AI 技术将业务数据与上级关注的 KPI 进行智能关联，通过对比分析图表突出方案优势，实现重点信息的可视化呈现。针对具有不同专业背景的决策团队，可预先通过 AI 系统输入各决策者的背景特征和业务偏好，进行方案推演。AI 可模拟预测不同决策者可能提出的质疑，据此对方案进行针对性调整。

（2）长期关系与影响力的 AI 建模。在组织管理中，AI 可以通过分析上级的行为数据（如反馈模式、决策偏好），生成"关系发展路线图"，帮助管理者制定长期影响力策略。例如，AI 可分析上级的日程安排，推荐最佳沟通时机（如避开周一早晨的高压时段），以提高沟通效率。此外，AI 还能定期生成"向上管理成效报告"，量化关系提升效果（如支持率、资源获取量），并提供下一步行动建议。正如 L 总所强调的，与上级建立健康、正向的长期关系，关键在于学习并适应其行为模式。而学习的前提是持续观察与反思。通过 AI 对自身观察数据的分析，可得出更具体的行动建议，逐步增强与领导的共通点，从而验证向上管理的良性循环。

6. AI 的边界与人性化平衡

尽管 AI 能够提供强大的技术支持，但在应用过程中需注意保护隐私与建立信任机制。同时应避免过度依赖数据分析，防止上级因产生"被监控感"而出现抵触情绪。需要特别指出的是，AI 目前无法完全模拟人性化的共情能力（如真诚的赞赏、非语言互动等），因此管理者仍需主动培养与员工的情感联结。

总之，在 AI 时代，管理者的情感智能管理力的计算公式可概括为：情感智能管理力 = 情绪智力 × 数据洞察 × 工具适配。借助 AI 工具，管理者能够将情感智力从"隐性经验"转化为"显性能力"，从而确保员工在企业变革中的情感安全感，并增强团队凝聚力。作为管理者，关注团队成员的情感需求与情绪管理，不仅能提升团队协作效率和工作满意度，还能帮助塑造积极的文化环境，建立具有共同价值观和使命感的团队。

6.2
团队效能的 AI 赋能

在 AI 时代，团队效能的核心已从单纯的任务执行转向"情感智能与数据驱动并重"的复合协作模式。AI 不仅能提升团队的执行效率，还能通过情感分析、冲突预测和绩效优化等功能，帮助管理者构建更具韧性与凝聚力的敏捷团队。

6.2.1　冲突调解的 AI 赋能

（1）冲突预警与根因分析。借助 AI 工具，管理者可实时分析团队沟通数据（如群聊记录、会议纪要等），并通过自然语言处理技术识别潜在冲突信号，如高频负面词汇、对话中断率及情绪波动等。例如，在钉钉群聊场景中，当对话出现"矛盾关键词"（如"推卸责任""不公平"）时，AI 系统会自动标记并推送预警至管理者，同时生成"冲突根因分析报告"（如某项目因职责划分模糊导致成员互相指责）。

字节跳动 2023 年《飞书智能协作白皮书》披露，其 AI 系统在合规授权前提下，可对跨部门协作中的结构化沟通数据（如飞书文档评论、会议纪要文本）进行情感分析。当系统检测到某团队连续两周出现：负面关键词密度大于 15%（如延迟、分歧）或情绪极性评分持续低于 –0.4（基于 NLP 算法）的情况，系统会向管理者推送分级干预建议：①初级：自动生成沟通话术指南（含冲突缓解模板）；②高级：提示 HRBP 启动协作流程审查清单（需人工确认），并进一步建议调整写作流程或组织相应的沟通培训。

（2）智能调解与关系修复。AI 技术可模拟冲突场景（如智能客服系统），为管理者提供调解话术与策略建议。以腾讯某游戏开发团队为例，当两名核心成员因技术方案产生分歧时，管理者可通过企业微信集成的 AI 调解工具输入冲突背景，系统将自动生成如下"三步调解方案"。

第一步，肯定双方专业价值（如两种技术方案各具优势）。

第二步，引入客观数据参照（如成功案例的代码执行效率对比）。

第三步，提出融合方案试点建议（如 A 方案架构 +B 方案交互逻辑）。

此外，华为在部分业务单元试点 AI 绩效辅助系统，通过分析可量化行为数据（如代码提交、项目节点），生成匿名化区间对比报告。在 2021—2023 年研发体系试点中，配合人工复查机制后的绩效申诉率下降 37%。

6.2.2　绩效管理的 AI 重构

绩效管理作为连接个体成长与组织战略的关键环节，正在因 AI 技术的赋能而发生深刻变革。从评估方式到激励机制，AI 正帮助管理者构建更科学、更敏捷、更具人性化的绩效管理体系。

（1）数据驱动的动态绩效评估：AI 助力更科学的人才

管理。

随着 AI 在企业管理中的深入应用，越来越多的企业开始探索 AI 驱动的绩效评估体系，以实现更加客观、多维和动态的人才识别。尤其是在研发和销售等关键岗位，AI 系统的辅助作用日益凸显。

在研发管理中，一些头部科技企业（如小米、华为、字节跳动）已经开始使用内部开发或引入的 AI 绩效分析工具，基于代码质量、协作效率、任务交付及时性等指标，自动生成工程师的综合贡献画像。例如，有企业利用 AI 模型分析代码缺陷修复率、模块复用度等参数，辅助识别"具有高潜力且不张扬"的研发人才，并作为技术骨干储备的重要参考。

在销售管理方面，AI 也被广泛应用于电话沟通分析、客户情绪识别与行为预测。部分企业引入语音识别与情感分析技术，对销售通话进行量化评估，识别话术中的积极性、响应节奏、客户满意度等关键维度，进而提出如"增加开放式问题""提高肯定回应频率"等行为优化建议。结合销售数据与培训反馈，形成了更精准的"能力提升路径图"。

这些做法表明，AI 已逐步从简单的数据采集工具，发展为支持人力资源战略决策的重要引擎，推动绩效管理从"年终打分"走向"实时动态"，也让"潜力可见、成长可塑"成为可能。

（2）反馈闭环与成长激励：用 AI 点亮组织的"高光时刻"。

在传统管理体系中，员工的努力往往难以及时被看见和反馈，缺乏正向激励机制。AI 技术的引入正在改变这一局面，帮助企业构建"即时反馈＋情感激励＋数据成长"的闭环机制，让每一次微小贡献都可见、被认可。

以拼多多为例，其在大型促销活动结束后，会通过内部 AI 系统自动激活"闪光时刻"功能：系统从协作工具和邮件中提取员工高贡献行为（如"凌晨 3 点紧急修复系统漏洞"），同步收集同事的匿名感谢与正向评价，生成可视化的成就卡片，并自动归档至员工的"成长档案"中，形成个性化的职业荣誉记录。这种方式提升了员工的参与感与成就感，也为绩效评估和晋升提供了更丰富的佐证材料。

在阿里云团队的管理实践中，AI 分析发现：技术分享频率越高的团队，代码出错率越低。基于此洞察，该团队建立了"知识贡献积分机制"，鼓励员工在内部社区发布经验分享、技术文章与复盘材料。积分可兑换线上培训课程、导师对谈机会，甚至额外带薪休假，从而构建了一种"以知识贡献驱动成长奖励"的新型激励模型。

这些案例说明，AI 不仅能辅助企业提升效率，更能构建文化驱动的反馈机制，强化个体的价值感、归属感与成长意愿，让组织变得更有温度、更具凝聚力。

案例 **某科技公司高管如何用情感智能驱动敏捷风控团队**

案例背景：2022 年，某科技公司风控团队面临严峻挑战：金融监管政策频繁调整导致团队成员工作压力骤增，跨部门协作效率显著下降，项目错误率攀升至 8%。面对这一局面，该科技公司资深总监 W 总引入"AI+ 情感智能"管理模式，对团队运作机制进行全面重构。

1. 情绪健康监测：从"救火"到"预防"

工具：该公司通过自研 AI 平台实时监测员工行为数据（包括会议发言频率、代码提交时间和钉钉回复速度等），结合智能穿戴设备采集的心率指标，构建了"情绪健康指数"评估体系。

实践：AI 系统监测到一位风控模型工程师连续两周出现深夜提交代码行为，同时结合其可穿戴设备回传的生理数据（如心率变异性），系统触发"高压工作"预警。W 总及时采取干预措施：调整该工程师的工作强度，安排其参与需求评审等协作性工作，并为其安排专业心理咨询服务。同时，平台每周生成的"团队情绪波动趋势图"可以帮助管理者识别高压工作节点（如监管报送截止日前 3 天），并针对性安排"15 分钟正念呼吸训练"等调节活动。在接下来的两个月中，团队代码质量稳定提升，项目出错率明显下降。此类结合 AI 与员工关怀的智能管理机制，正在成为部分科技企业的探索方向。

2. 冲突调解：AI 充当"缓冲垫"

工具：基于钉钉平台开发的"智能调解机器人"可应用于团队冲突管理场景。

实践：当风控团队与产品团队因需求优先级争执时，AI 通过以下机制实现高效调解：

（1）自动调取历史业务数据（如展示近 3 个月同类需求的实际转化率）；

（2）智能分析指标权重（风控团队合规性占比 60%，产品团队迭代速度占比 40%）；

（3）基于数据分析产出优化建议（如建议采用分阶段实施方案，优先构建符合监管要求的最小可行产品）。

通过 AI 模拟对话，W 总提前预演沟通策略，最终推动双方达成共识。

3. 绩效激励：从"结果考核"到"过程赋能"

工具："AI 敏捷看板"是一种动态可视化工具，能够实时关联个人贡献与团队目标。

实践：AI 自动生成"贡献热力图"，客观呈现每位成员的价值。例如，某员工虽未直接参与核心模型开发，但其整理的监管案例库被团队引用 52 次，AI 将其标记为"知识枢纽"，并纳入晋升评估依据。在季度复盘会上，AI 基于历史数据分析指出，"采用情绪管理工具后，需求评审通过率提升 28%"，促使团队将"情感健康"纳入绩效考核维度。

4. 成效与启示

6 个月内，该团队将工作错误率控制在 2% 以内，员工主动离职率降低 50%，跨部门协作效率提升 40%。其核心策略在于将 AI 作为情感智能的"增效器"：W 总借助 AI 数据分析识别员工情绪风险，但所有解决方案仍以人性化沟通为基础（如亲自参与压力疏导）。该公司的 AI 工具设计充分体现本土化特征，深度融合职场文化规范：通过"匿名建议＋私下沟通"模式化解冲突（如规避公开批评场景），契合本土管理习惯。从人机协同角度，AI 有效减轻机械性工作负担，使团队精力集中于高价值决策（如模型优化策略），而非低效的重复性补救工作。

AI 时代，团队效能的计算公式：团队效能 = 人情温度 × 数据精度 × AI 敏捷度。

（1）人情温度：AI 不替代共情，而是增强"有温度"的管理洞察。

在 AI 辅助管理中，"人情味"并不会被冷冰冰的数据取代。相反，AI 可以通过情绪识别、行为模式分析等技术，帮助管理者及早识别员工的心理状态与支持需求。

例如，中国平安在"情绪健康指数"项目中，基于员工打卡、沟通频次、请假类型等行为数据，结合匿名问卷与 AI 情感分析模型，为管理者提供团队情绪热力图，在不侵犯隐私的前提下，及时捕捉员工压力过载、协同摩擦等信号，推动精准沟通与关怀机制。

（2）数据精度：用 AI 打破"经验管理"，推动贡献可视化、成长可量化。

传统的"凭感觉提拔人、靠主观判断打分"的绩效模式，已逐渐向数据驱动型决策过渡。AI 工具可综合业务指标、协作记录、产出质量等维度，构建"成长轨迹"与"贡献画像"。

以小米为例，其研发部门基于 AI 算法，对工程师的代码提交质量、缺陷修复速度、模块复用率等核心数据进行综合分析，从而识别"具有高潜力且不张扬"的技术人才，并结合历史成长趋势推荐晋升路径或培训方向。

（3）AI 敏捷度：用智能系统实现"效率与人性"的动态平衡。

AI 不应仅视为"效率提升"的工具，而应成为"团队氛围调节器"。在高压、快节奏的工作环境中，及时的反馈与激励尤为重要。

字节跳动团队内部研发的"闪光时刻"模块，利用员工 OKR 达成、同事好评、项目关键节点表现等信息，通过 AI

系统自动生成"成就卡片"，并推荐即时激励方式（如线上表扬、领导评语、积分奖励等）。这种机制既提升了员工获得感，也让管理者在忙碌中不遗漏应有的认可。

总之，AI 技术工具的价值不在于取代人的情感，而在于提升情感传递的效率。优秀管理者借助 AI，不是用算法代替共情，而是以数据增强"看见"的能力，实现"精准共情、科学激励、动态成长"的新型领导力。管理者应以情感智能为核心、以 AI 为辅助工具，以打造兼具战斗力和凝聚力的高效团队。

成长赋能

✳ 情感智能不仅是管理者的核心软实力，更是决策过程中的关键支撑要素。

✳ 管理者的情感智能直接影响团队的心理状态，而团队的心理状态又决定着组织的长远发展。

✳ 优秀的管理者不仅需要具备战略思维，更需要深谙人性洞察与情感管理之道。

✳ 有效的向上管理不仅是管理层必备的核心能力，更是推动组织持续发展的关键动力。

✳ 情感智能为领导力提供内在驱动力，能够帮助管理者在复杂环境中保持战略定力，在应对挑战时展现决策智慧。

第 **7** 章

复合影响力：

演讲与谈判的 AI 时代进化

在 AI 时代，管理者的演讲与谈判能力已从"经验驱动"模式升级为"人机协同"的复合影响力体系。演讲力不仅是战略传递的载体，更是领导力与品牌价值的放大器：通过 AI 工具实现"3V 法则重构"，管理者能够从海量数据中提炼故事框架、用情感算法设计共鸣点。谈判智慧则演变为数据与心理博弈的融合，AI 不仅辅助策略制定（如模拟对手决策路径、调用历史案例库进行比对分析），更能有效识别心理盲区——通过微表情识别技术实时捕捉情绪波动，运用资源动态优化模型精准把控让步节奏，甚至预判谈判僵局的触发阈值。无论是面向千人会场的战略宣讲，还是涉及重大资源分配的关键谈判，AI 都已成为管理者的"智能决策支持系统"，将理性数据分析与人性有机结合，帮助管理者在复杂商业场景中实现从"语言说服力"到"战略决策影响力"的质变提升。

7.1

演讲力的复合升级：AI 时代的表达革命

在 AI 时代，管理者的演讲力已从"单向输出"升级为"多维交互"的复合能力。这种新型演讲力不仅体现语言表达艺术，更是数据洞察力、情感共鸣度与技术赋能的有机融合。通过智能内容生成、观众情绪解析和实时交互优化等 AI 工具，管理者得以将战略思维转化为更具穿透性的叙事体系——确保观点具备数据支撑、故事蕴含情感温度、表达实现场景适配。例如，生成式 AI 基于行业大数据自动提炼演讲金句，系统通过实时捕捉观众微表情推送表达优化建议。这种技术赋能意味着，管理者每次重要演讲都拥有"AI 决策支持系统"的全程辅助，包括逻辑架构搭建、表达节奏校准，乃至潜在质疑点预判，从而推动演讲模式从传统的"经验驱动"向现代化的"智能增强型表达"实现质的飞跃。

7.1.1　演讲是管理者的必备技能

在当代商业环境中，演讲已超越基础的信息传递功能，成为塑造领导力、推动战略决策和促进团队协同的关键管理工具。随着 AI 技术的快速发展，信息过载与决策复杂性日益加剧，管理者通过富有逻辑性、感染力的演讲，能够有效帮助团队理解复杂商业问题，达成战略共识。这种能力不仅直接影响企业外部形象塑造，更关乎组织内部的分工协作效率，对提升企业公信力与内外部信任度具有重要价值。

在数字化转型加速的今天，富有洞见且具有说服力的演讲力，已成为管理者激励团队、引领组织变革的重要管理手段。AI 技术的深度应用正在重塑管理者的演讲模式，实现从传统的"人脑主导"向创新的"人机协同"范式转变。作为现代管理者核心能力的重要组成部分，卓越的演讲力能够帮助管理者拓展战略视野，提升商业洞察力，最终推动个人与组织的共同成功。

在 AI 时代，管理者演讲力需要实现三个维度的系统性升级。

（1）内容精准化：用 AI 工具自动匹配数据可视化方案，如将财报数据转化为动态增长故事，或通过 AI 模拟推演演讲效果。

（2）情感穿透力：借助语音情绪分析工具来训练语调感染力，或通过虚拟观众测试平台获得实时反馈，优化肢体语言与情绪传递效果。

（3）场景适应性：利用实时翻译工具突破语言壁垒，结合 AR 演讲助手动态调整提词内容，应对突发问题。

由此，AI 时代管理者的演讲革命：重塑价值传递三重维度。

（1）信息基建重构表达骨架：在当代商业语境下，演讲已超越单纯的语言表达，演变为融合言辞艺术、情感共鸣与行动示范的复合型领导力实践。在此过程中，AI 技术承担信息基础设施的构建功能，而人性价值则始终是内容传递的核心所在。随着 AI 技术深度嵌入演讲的信息处理系统，管理者的表达范式正在发生结构性变革。例如，某科技企业 CEO 运用 AI 分析引擎快速处理 500 份员工调研数据，通过智能算法从海量信息中精准提炼出"组织效能提升"与"创新容错机制"两大战略命题，为演讲构建了坚实的逻辑框架。这种技术赋能使 AI 如同认知增强系统，在确保论证严谨性的同时，显著提升了管理者专注于价值创造的思维效率。

（2）情感计算激活共情神经：在演讲的理性框架构建基础上，生物传感技术正在深度革新其感性表达维度。上例中的 CEO 佩戴的智能设备持续捕捉现场听众的微表情变化与脑电波波动，当 AI 检测到观众对"绩效考核"议题的焦虑情绪达到峰值时，会即刻激活预设的故事库，并智能插入团队逆袭案例以进行情绪调节。这种基于神经反馈的叙事优化机制，形成了"数据采集—情绪解析—内容适配"的完整闭环系统，确保每个关键决策点的理性论述都能与听众建立精准的情感共鸣。

（3）虚实融合重塑演讲场域：新时代的演讲已突破物理边界，催生出独特的"孤独演讲艺术"。当管理者面对 AR 眼镜中的虚拟观众头像，或在绿幕前向全球全息投影的股东述职时，必须具备双重表达能力：既要驾驭 Apple Vision Pro 等设备提供的多维信息界面，又要通过数字替身的微动作设计传递领导力温度。这要求演讲者建立新型空间认知能力——即便身处空荡的演讲厅，也能借助虚拟观众的实时互动数据，精准感知跨时区听众的情绪波动。

7.1.2　3V 法则重构：AI 辅助的内容定制与情感共鸣设计

梅拉宾的 3V 法则揭示了人类感知信息的基本规律——视觉（Visual，占 55%）、听觉（Vocal，占 38%）和语言（Verbal，占 7%）共同构成影响力。在 AI 时代，这一法则被赋予全新内涵：借助技术工具，演讲者从"被动适应"升级为"主动设计"，实现内容精准化、情感穿透力与场景适应性的三重提升。

1. 视觉：从"静态展示"到"动态交互"

使用 AI 视觉设计工具时，用户输入演讲主题后，系统可自动生成数据可视化图表、动态信息图，并输出适配不同场景的 PPT 模板（如投资人会议采用冷色调极简风格，员工动员会则运用暖色激励元素）。同时，借助 AI 实时视觉反馈系统（如 Zoom 情绪热力图），演讲者能够捕捉观众注意力分布情况（如识别某页 PPT 停留时间过短的现象），从而动态优化视觉呈现焦点。例如，某零售企业 CEO 在年度战略会上，用 AI 工具将供应链数据转化为"物流网络动态地图"，实时展示库存周转效率。配合手势控制缩放关键节点的交互设计，最终实现观众留存率提升 40% 的效果。

2. 视觉：从"经验调校"到"情感算法"

AI 语音优化引擎的应用实践表明，该技术能够通过分析管理者录音数据，精准识别"感染力低谷"（如语调平缓的段落），并智能推荐情绪强化策略（如在关键论点前 2 秒实施语速降低与音量加重）。值得注意的是，该引擎采用多语言声纹克隆技术，可生成与管理者原声音色高度一致的多语言版本，在保证情感颗粒度完整性的同时，有效解决了跨文化沟通中的"声调失真"问题。例如，某科技公司CTO 在国际峰会上运用该技术时，系统将其中文演讲实时转换为保留个人声纹特征的英文版本，并通过情绪算法在提及技术突破时自动增强语调激昂程度。这一创新应用获得国外媒体高度评价，称其"较传统同声传译更能还原原声的感染力"。

3. 语言：从"单向输出"到"双向共振"

AI 语言协作系统通过情感化内容重构技术，能够将原始数据转化为更具感染力的叙事表达。例如，该系统可将"第三季度营业收入增长 12%"这类统计数据，转化为"每10 分钟就有 1 个家庭通过我们的产品改善生活"的故事化表述。此外，系统还能实时记录观众提问，通过关键词频分析（如"风险""成本"等高频词），智能推送话术优化建议（如适时插入风险管控案例）。例如，某金融企业高管在路演过程中，借助 AR 眼镜接收 AI 实时提示：当系统监测到观众皱眉频率上升时，立即推送"增加收益对比数据"的建议；当捕捉到观众点头反馈时，则自动强化"长期价值"的叙事重点。这一智能辅助最终帮助该路演实现 180% 的超额认购。

AI 时代的 3V 法则影响力计算公式：3V 法则影响力 = AI 数据洞察 × 人性化设计 × 动态校准。

在 AI 技术赋能下，管理者演讲力呈现全新模式：首先，通过 AI 预演沙盘（虚拟观众测试）模拟不同受众群体（股东 / 员工 / 客户）的反应，据此生成定制化的 3V 演讲方案；其次，演讲者可佩戴智能设备，借助生物传感技术（如通过智能戒指监测心率变异性）实时感知自身紧张程度，触发 AI 提词器智能推送"深呼吸提醒"或"案例插入建议"等辅助指令，实现精准干预与支持。这标志着管理者的演讲力正从传统的个人表达演进为与"AI 驱动 + 情感共鸣"的复合能力：AI 负责运算与数据洞察，人类专注于情感连接与价值传达。技术与人性的深度融合，让演讲不再只是信息传递的过程，而成为触发共鸣、引发行动的战略性沟通艺术。

7.1.3　AI 如何助力演讲

1. 个性化演讲内容定制

AI 能够通过大数据分析与自然语言处理技术，为演讲者提供个性化的演讲内容定制服务。具体而言，AI 可根据观众的兴趣、需求、背景及偏好，自动调整并优化演讲稿。其实现路径包括：通过分析社交媒体数据、在线调查结果及历史数据等，AI 能够精准识别观众特征，从而帮助演讲者量身定制更具吸引力的演讲内容。此外，AI 还可基于现有文献、演讲素材及风格模板自动生成初稿，并通过持续收集反馈数据对内容进行迭代优化。

2. 实时演讲反馈与改进

AI 可对演讲者的语音特征进行实时分析，包括语速、语调、音量和停顿等要素，并据此提供改进建议。例如，AI 能识别演讲中是否频繁使用"嗯""啊"等填充词，帮助演讲者提升语言表达的流畅性与自然度。在情绪与肢体语言分析方面，AI 通过面部识别和动作捕捉技术，可精准解析演讲者的面部表情、肢体动作等非语言信息，从而优化其与观众的情感互动。当检测到演讲者出现紧张或自信心不足的情况时，系统会智能推送调整建议，如指导其进行深呼吸、调正站姿或增强眼神交流等技巧。

3. 虚拟演讲助手与培训

AI 虚拟演讲助手可为演讲者提供智能化培训支持，通过模拟多样化演讲场景及观众反应，实现个性化训练。该系统可生成具有不同文化背景、情感状态的虚拟观众，使演讲者在无真实听众的情况下进行针对性练习。该功能尤其适用于国际演讲场景。当演讲者需面向全球观众或在海外进行演讲时，AI 可实时提供符合当地文化礼仪的姿势、动作等建议，避免因文化差异引发误解。通过反复模拟训练，演讲者能有效提升临场表现能力。此外，AI 还可模拟问答环节，基于演讲内容自动生成相关问题，并提供参考答案。这一功能有助于演讲者提前熟悉潜在提问，完善应答策略，从而增强应对现场互动的信心与能力。

4. 语音识别与翻译技术

在跨语言演讲场景中，AI 的语音识别与实时翻译技术能够为演讲者提供有力支持。通过即时翻译功能，AI 可帮助演讲者实现多语言表达，有效扩大受众范围。例如，借助实时字幕生成工具，演讲内容可被同步翻译为多种语言并以字幕形式呈现，确保语言差异不会成为沟通障碍。此外，AI还能将语音内容自动转录为文字，既可为演讲者生成完整演讲稿，也便于后续内容分享。这一功能不仅有助于演讲后的内容回顾，更能支持演讲者持续优化表达效果。

5. 大数据分析与演讲效果评估

演讲结束后，AI 可基于大数据分析技术对演讲效果进行专业评估，并提供针对性改进建议。具体而言，系统通过采集并分析观众的情绪反应、掌声频率、互动程度等多维度数据，客观评估演讲的吸引力与影响力。AI 能够精准识别演讲过程中的关键节点：包括观众表现出高度兴趣的内容段落，以及反应相对平淡的部分。这种对比分析有助于演讲者明确自身优势，同时发现需要优化的环节。此外，AI 通过监测演讲内容与观众互动的关联性，可追踪听众情感变化的完整轨迹。基于这些情绪反馈，演讲者能够准确掌握引发情感共鸣的话题要点，从而有针对性地调整演讲内容与表达策略。

6. AI 驱动的自信增强

演讲者常因紧张和不自信而影响演讲效果。AI 技术可通过模拟练习、虚拟指导和个性化建议等方式帮助演讲者建立信心。具体而言，AI 系统能够通过提供积极的反馈与鼓励，协助演讲者克服紧张情绪。系统会着重指出演讲者的进步与优势，从而增强其自信心与表达意愿。此外，AI 还能帮助演讲者识别情绪波动，并提供专业的调节建议，如通过冥想、呼吸训练等放松技巧来控制紧张情绪，最终提升演讲效果。

7.2
管理者的谈判智慧

7.2.1　从价值共鸣到价值交换的沟通升维

当 AI 赋能的演讲艺术成功实现价值主张的高效传递后，管理者面临的下一个关键命题便是在动态博弈中完成价值交换，这正是谈判智慧的核心所在。如果说演讲是聚光灯下的单向价值输出，那么谈判则是暗流涌动的双向认知校准过程。此时，AI 的角色从"表达增强器"转变为"策略解构仪"。演讲过程中积累的数据洞察力与情绪感知能力，将成为谈判桌上破译对手价值图谱的关键工具。

针对谈判的智慧，我和外企谈判专家 D 总的对话如下。

D 总：在讨论谈判问题时，我们应当将其界定为自由市场经济条件下的商务谈判。这一限定有助于排除特定环境因素的干扰。从理论层面分析，谈判中的沟通属于战略框架下的战术层级。谈判的核心过程，本质上是对可被双方接受的价值要素与交换路径的识别与确认，并基于彼此的认知达成价值对等或互补。

谈判的启动存在一个基础前提：双方所持有的价值要素中，必须有一部分能与对方已知或潜在的诉求形成契合。若缺乏这一前提，谈判便无法真正成立。即便形式上启动了所谓的"谈判"，其过程也终将沦为单方面的意愿表达，难以达成实质性成果。

我：在您的职业生涯中，是否曾经历过一场令您印象深刻的谈判？在那次谈判过程中，您是如何协调各方的利益诉求的？最终的谈判结果如何？

D 总：确实有过这样一次经历。当时我担任某品牌负责人，在一次由八家 4S 店联盟联合举办的新车试驾活动中发生了意外事故——一辆试驾车辆失控撞向观众席，导致十多人受伤，且伤者来自全国各地。事故发生时我并未在场，但接到通知后我立即赶到现场。随后，我迅速启动品牌保护与媒体应对机制，同时协调公关危机管理、法律及安监流程，并着手开展具体谈判与伤者安抚工作。

　　在事故处理过程中，伤势最为严重的三位关键人物成为谈判重点，其善后工作也尤为棘手。事故发生后，我们立即启动应急机制：一方面迅速联系 120 急救中心将伤者送医，同时指派专业销售顾问进行一对一陪护；另一方面着手开展事故调查，重点核查三位重伤者身份背景（分别为娱乐场所经营者、哺乳期的母亲和 48 岁的企业家）。在医疗处置方面，我们征得所有伤者同意后，统一将他们转至当地最好的三甲医院，并提供最优医疗资源。

　　为控制舆情风险，我们主动对接警方和安监部门，及时提交完整事故报告，明确认定事故责任主体为涉事八家 4S 店，并由其承担全部责任。在善后赔偿方面，公司预先筹措 200 万元专项慰问金，按每人 5 万元标准先行发放，同时为伤者配备特需医疗服务。针对三位关键伤者，我们通过销售顾问深入了解其具体情况，并据此就制定差异化的赔偿方案展开协商谈判。我们充分理解当事人的合理诉求，在谈判过程中始终秉持人性化协商原则，未设定具体赔偿金额限制。同时，鉴于该事故给当事人造成的实际伤害和心理创伤，我们在协商中始终以最大限度满足受害者合理诉求为出发点。在整个事件过程中，谈判其实仅仅是其中一个环节，各部门之间的协调，外部资源的调配，完备的尽调工作，还有团队的快速响应和真诚的人文关怀服务，是缺一不可的。

7.2.2 谈判是管理者的必修课

谈判是指存在利益分歧的各方之间，通过沟通与协商达成共同接受的解决方案的过程。它不仅限于正式的商务磋商，还贯穿于组织管理活动的各个环节，是决策制定、问题解决和目标实现的核心手段。谈判涉及参与者之间的互动、信息交换、需求分析，以及利益平衡与共识构建。其核心在于通过有效沟通与必要妥协，协调各方诉求，并在面对分歧时共同探讨最优解。谈判的本质在于互相理解，为最终达成一致意见奠定基础。

在企业的日常运作与长期发展中，谈判始终是管理者无法回避的一项能力。针对谈判与管理，我与 D 总的对话如下。

我：您对谈判的定义是什么？

D 总：谈判，通常指双方基于商务目的进行的协商，其本质可视为一种"等质交换"。谈判的构成包含三个基本要素：谈判主体（即直接利益相关方或其授权代表）、谈判标的（涉及的具体事项或权益）及谈判环境（包括时间、地点及外部条件）。这里的"等质"特指谈判双方对交换价值的对等性判定，而非第三方视角的客观评估。由于谈判环境及当事人的即时价值判断存在差异，双方主观认定的价值对等性往往与外部观察者的认知存在显著区别。

我：一个好的谈判者，不是让对方接受自己的方案，而是提供能使双方都接受的方案。

D 总：是的，谈判的艺术不在于说服对方接受己方立场，而在于探寻共赢的解决方案。作为企业管理者，其角色天然兼具战略制定者与执行参与者的双重属性。企业核心价

值的实现与发展机遇的把握，往往正是通过管理者持续
开展的内外部谈判达成的。

　　对管理者而言，谈判不仅是商业决策的组成部分，
更是推动企业战略落地的关键工具。在跨部门协作与商
业合作中，管理者通过谈判确保协议条款符合企业的最
大利益；在组织内部管理中，则需运用谈判技巧化解团
队矛盾，并协调外部合作伙伴关系。具体而言，管理者
需要通过谈判达成以下目标：建立共识、优化资源配
置、提升团队凝聚力、构建外部合作网络，以及做出有
效决策。值得注意的是，卓越的谈判能力不仅能帮助管
理者在组织内外建立持久影响力，更能显著提升其领导
效能。

　　在管理者的日常工作中，谈判是极为常见的场景。例
如，在每周的例会上，管理者需就跨部门资源的调配展开谈
判。在此过程中，不仅要对企业的资源、项目预算及项目优
先级进行合理协商，还需调解团队冲突，确保各部门之间的
协作顺畅，推动跨职能合作的高效开展。在与外部客户、合
作伙伴的合同谈判中，价格、交付时间及质量标准往往是关
键议题。管理者需要应对价格博弈、时间安排、服务质量要

求等诸多挑战，以达成互利共赢的协议。此外，管理者还需向董事会、股东、投资者及其他利益相关者汇报企业的发展情况及重大战略决策，并争取他们的支持。在企业并购或合作过程中，涉及各方利益的协商与分配，属于重大而复杂的谈判事项。

7.2.3 如何为谈判做准备

充分的谈判准备至关重要。无论谈判场景多么复杂或紧急，周密的准备工作往往是决定成败的关键。这种准备不仅涉及对事实、数据的掌握，更重要的是对对方立场、需求，以及潜在谈判策略的理解。在一场谈判开始前，必须明确自己的底线和理想目标，区分哪些是必须达成的核心目标，哪些是可以妥协的部分。同时，应做好风险评估，并预设几种应对方案。此外，前期的信息收集与分析尤为关键，这是谈判中的重要底牌。通过充分了解对方的需求、历史背景、心理动机、兴趣点和价值观，能够提前预判对方的谈判策略。

在商务谈判准备阶段，应当通过系统收集行业数据、竞争情报及对方利益诉求，科学制定适配的谈判策略。具体而言，需要根据谈判对手的风格特征和环境因素，在合作型、竞争型或妥协型等策略中选择最优方案。策略实施过程中需重点把握以下环节：首先，必须明确谈判底线并制定应急方案。高管团队应当预先研判可能出现的阻碍，包括对方强硬立场、争议条款等突发状况，准备多套应对预案。其次，建议开展情景模拟演练。通过预设各种谈判情境，预测对方可能的回应方式，从而做好充分的心理建设和策略准备，最大限度降低突发事件的负面影响。最后，需建立清晰的谈判框架。在正式谈判前，应当明确界定核心议题、时间节点、参与人员等要素，确保谈判始终围绕既定主题展开。

我：D 总，您会为谈判做哪些准备？

D 总：我的谈判准备策略是先挖掘出四个需求、一个替身和两条防线，再评估促成交易的可能性。第一个需求是谈判对手的直接需求，即从组织角度出发，本次谈判所涉及的具体标的。第二个需求是激发这个直接需求背后的更深层次的组织需求。第三个需求是在谈判过程中，直接谈判对象可能产生的需求，包括需要引导和对抗的方面。第四个需求是谈判对手的个人需求，如情感需求或价值需求。

一个替身是指如果对方不与本方达成正向谈判，市场上谁会是本方的最佳替代者，以及可能的替代方案和价值标的。

两条防线是指谈判中基于主动地位和被动地位设定的价值交易区间，其中最佳目标构成第一条防线，最低目标构成第二条防线。

我曾代表某品牌亚太区参与中石油的设备采购项目，需在 A 企业和 B 企业等竞争对手中争取合作机会。基于四个需求原则，我首先分析了中石油的直接需求：采购高质量、可靠的设备（如我公司产品或竞争对手的产品），以满足其业务运营需求。

在招投标过程中，客户的核心关注点集中在设备的技术参数、价格及售后服务等方面。为此，我的策略是从采购部、行政部和技术部三个关键部门切入，深入挖掘其背后的组织需求。中石油作为大型企业，其深层诉求在于提升运营效率、降低长期成本、增强品牌形象。通过团队调研和 AI 工具分析（包括客户对现有设备的反馈及竞争对手的技术参数与服务方案），我们发现客户的核心关注点在于设备的稳定性、可靠性和售后服务的持续性。在第一轮材料审核阶段，我们发现客户对价格因素较为敏感。然而，由于我们品牌在中国市场实行完全透明的销售政策，不提供任何形式的返佣机制，这意味着，我们的报价可能不具备直接的价格优势。

我运用 AI 工具系统分析了谈判的优劣势，并据此制定了相应策略。根据 AI 的建议，我决定采取优势引导法，通过技术参数对比和市场调研数据，将客户的关注点从短期价格因素转向产品的长期价值，包括设备稳定性、可靠性等核心优势。同时，AI 通过分析会议纪要，识别出谈判对手的个人隐性需求（如职业发展、行业认可等情感与价值诉求）。

我们主动邀请中石油采购及技术负责人参加集团全球工程师闭门交流会。这一举措不仅帮助客户拓展了行业人际关系，更直观展示了我们的技术实力。此外，通过定期拜访行政部，我们在情感认同与价值观层面逐步建立了共识。

我们预判了谈判的替代方案：若未能与中石油达成合作，A 企业或 B 企业可能成为其替代选择。在与行政部沟通时，我们指出 A 企业的设备虽然市场报价较高，但存在不规范操作的风险；而 B 企业的设备尽管价格较低，但稳定性不足。

我们在服务方案中重点突出了与替代方案相比的独

特价值。我们的最佳目标（主动地位的价值交易区间）是争取中石油订单并保持较高利润率；最低目标（被动地位的价值交易区间）则是确保在价格不占优势的情况下，通过附加价值（如售后服务和联合营销）达成合作。在第一轮材料评审中，我们凭借技术参数和价格策略赢得客户信任，综合评分位列第二。随后，我向总部申请亚太区价格支持，最终在议价环节跃居第一。通过充分展示合作诚意并提供额外优惠，我们成功赢得了订单。

7.2.4 谈判的黄金法则

谈判者必须牢记一条黄金法则：谈判的核心不在于自身，而在于如何引导对方朝着共同目标迈进，最终达成双方认可的解决方案。谈判的本质是通过策略性倾听与双赢思维化解利益冲突，其关键在于建立以信任为基础的价值交换机制。成功的谈判始于深入理解对方的显性诉求与隐性需求，并通过情绪管理维持理性对话。以透明和诚信为基石，双方应共同构建利益坐标系——既要借助生物识别技术识别对方的焦虑阈值，又要运用 AI 驱动的动态博弈模型寻找最优平衡点。

真正的谈判智慧在于"战略性妥协艺术"：在坚守核心利益的同时，通过创新方案设计创造增量价值，将零和博弈转化为协同发展的机遇。当管理者将 AI 的情感计算能力与人类的共情洞察相结合时，便能在利益格局重构中实现"认知契合度"与"关系可持续性"的双重提升。

7.2.5　管理者谈判能力的跃升

在传统商业环境中，管理者的谈判能力始终是衡量其领导力与决策水平的重要标准。谈判不仅考验管理者的沟通技巧、战略思维和情商，更涉及对人性本质、对话者心理的深刻洞察，以及资源与利益博弈的驾驭能力。在谈判过程中，管理者的专业直觉、实战经验与临场应变能力往往成为决定成败的关键因素。正因如此，谈判能力构成了管理者职业发展的核心竞争力，直接影响着企业战略合作关系的建立、商业伙伴的选择及关键资源配置等重大决策。

在 AI 重构谈判认知的新时代，管理者的竞争力已演变为"人机协同的决策艺术"。他们不仅需要保持对人性微妙变化的敏锐感知，更要擅于整合 AI 提供的实时数据与心理分析工具。这一变革体现在：AI 通过生物传感器捕捉情绪波动，借助语音分析识别潜在利益点，使传统依赖经验与直觉的谈判方式逐步转向数据驱动的决策模式。

在具体谈判实践中，管理者需要具备双重能力：既要熟练运用 AI 生成的数据洞察和策略，又要能根据实际场景、谈判对象及目标诉求，对算法输出进行情境化调整。AI 虽然构建了强大的决策支持系统，但谈判成功的关键仍取决于管理者自身的战略思维、情商素养与临场应变能力。尤为重要的是，管理者必须把握人机协作的平衡点：在数字化模拟环境中识别战略调整时机，于 AI 预测的关键节点做出精准让步，同时运用人类特有的共情智慧，处理 AI 难以应对的复杂人际关系。

随着 AI 技术的深度应用，商业谈判模式正经历从传统"直觉驱动"向现代"数据化心理战"的转型。这一变革使管理者能够借助精准的情绪识别和数据分析，更准确地把握谈判对手的心理状态与情绪波动，从而动态优化谈判策略，显著提升谈判成效。

1. 管理者的谈判能力

在传统商业谈判中，管理者的谈判能力更多地依赖于个人的经验积累、直觉判断及对人性的深刻理解。这种谈判能力体现在以下三个方面。

（1）情商与心理洞察：管理者必须具备较高的情商，能够敏锐地察觉对方的情绪变化，准确判断其底线和需求。这种能力有助于管理者在谈判过程中迅速做出反应，并及时调整策略。

（2）资源与利益交换：在传统谈判中，双方往往围绕有限资源展开博弈。管理者需要精准识别可交换的资源，并通过巧妙策略实现利益最大化。谈判成功的关键在于找到资源交换的平衡点。

（3）战略眼光与应变能力：管理者不仅需要精准把控当前谈判局势，更要具备前瞻性的战略思维，预判对方可能的应对策略与立场变化，从而在复杂的谈判环境中保持灵活应变能力。

然而，随着 AI 技术的发展，谈判进入了一个新的时代，传统的依赖直觉的方式正在被"数据化心理战"所取代。

2. AI 时代的谈判：从直觉到数据化心理战

在 AI 时代，谈判过程已不再仅凭个人主观判断，而是转向依托数据分析和算法支持，从而演变为更加高效精准的决策机制。AI 能够为管理者提供以下四个方面的支持。

（1）情绪分析与心理洞察：AI 能够通过综合分析谈判对象的语言特征、语音语调、面部微表情及肢体动作等多维度数据，实时监测并解析其情绪波动。基于这些深度分析结果，AI 可为管理者提供精准的心理状态评估，辅助识别谈判对象的显性需求与潜在情感诉求，从而优化谈判策略。

（2）数据化决策支持与预测：AI 能够整合历史谈判数据、市场动态趋势及对手行为特征，构建预测模型来预判可能的谈判结果。通过深度数据挖掘，该系统可识别潜在的资源增值路径，为管理者提供前瞻性的决策支持，有效降低谈判过程中的不确定性风险。

（3）动态优化博弈策略：谈判本质上是一个多维度的动态博弈过程，而不仅仅是简单的资源交换。AI 能够实时监测并解析谈判对手的即时反应和行为变化，为管理者提供策略调整的决策支持。具体而言，当系统识别到对方在关键议题上出现情绪波动或需求转变时，可即时生成策略优化建议，使谈判团队能够快速应对并掌握主动权。

（4）量化心理博弈：在现代商业谈判中，管理者的决策依据已从传统的经验直觉转向基于 AI 构建的心理博弈量化模型。该系统通过实时分析谈判对手的心理反应与行为特征，将复杂的心理动态转化为可量化的决策指标，使管理者能够精准识别对方的心理临界点与潜在谈判陷阱，从而在博弈中占据战略主导地位。

无论在传统商业时代还是在 AI 时代，谈判能力始终是衡量管理者领导力的核心指标。随着技术演进，现代谈判模式已实现从经验导向到数据驱动的范式转变。AI 通过提供实时情绪分析、智能决策支持和动态策略优化等功能，显著提升了谈判的精准性与效率。值得注意的是，未来职场竞争优势将属于那些能够有效整合 AI 辅助系统与自身谈判智慧的管理者。

7.3
谈判的心理博弈

在 AI 时代，谈判模式已完成从直觉主导到数据驱动的转型升级。现代管理者制胜的关键要素已超越传统的资源与逻辑层面，具体体现为：精准解析对方情绪特征的能力；动态调整博弈策略的灵活性；运用 AI 技术预判资源增值路径，并将复杂的心理博弈转化为可量化决策模型的数字化能力。

7.3.1　微表情识别与情绪博弈的数据化破解

读懂微表情的核心要诀在于观察与反馈。具体而言，需要着重关注对方的面部表情变化，建议将注意力持续停留在对方面部 3～4 秒。在交流过程中，可以适时穿插故事叙述，借此观察对方倾听时的即时反应。这种方法有助于降低对方的心理戒备，从而更准确地捕捉其真实态度，为后续谈话方向的调整提供依据。在谈判中，当向对方提出建议时，宜采用提供多重选项的策略。此时，谈判对象往往会通过微表情，密切观察其面部表情变化，即可有效判断对方的偏好所在。

正如 D 总在中石油设备采购项目谈判过程中所观察到的，尽管他在谈判初期和中期均强调其品牌在中国的价格体系透明且议价空间有限，但通过持续关注对方的面部表情，D 总发现客户在听到价格体系时神情紧绷，由此判断价格因素在其决策中占据较大权重。基于这一洞察，D 总在谈判中主动引入行业价格体系分析，并客观对比了竞争对手的报价区间。与此同时，D 总注重倾听客户需求，并借助 AI 工具对每次会议纪要进行系统梳理，从中进一步发现客户在关注价格的同时，对服务质量同样重视。因此，当首轮评审显示价格优势不足时，D 总创新性地调整策略，不再仅聚焦于设备单价，而是系统阐述报价背后的逻辑——涵盖交付周期、服务配合度等综合价值。在项目评审期间，中石油因临时项目需求提出设备调配请求，D 总团队迅速响应，免费提供两台设备支援。这一举措有效强化了客户对其执行力和合作态度的信任。进入最终议价阶段，当 D 总出示经总部批准的亚太区最终报价时，客户眉头舒展，嘴角微扬（微表情：满意或认可），表明其对该方案持积极态度。抓住这一信号，D 总顺势提出附加服务承诺："我们将在设备交付后提供免费操作培训及技术支持，确保设备高效运行。"这一系列策略成功促成客户接受报价，并最终签署长期合作协议。

D 总之所以能在价格不占优势的谈判中取得成功，关键在于前期借助 AI 工具所做的充分准备，以及对谈判对手微表情的精准分析。在谈判过程中，当 D 总阐述"整体报价方案背后的逻辑"时，可以明显看到对方核心团队成员瞳孔放大并坐姿前倾，但语音、语调却较为低沉（表明其对价格浮动空间有限的焦虑）。基于这一观察，D 总迅速将 AI 此前整理的需求分析与 AI 生成的建议相结合，提出"将设备交付、服务配合及培训打包纳入整体报价方案且不额外收费"的策略。这一精准应对最终促成了交易的达成。

随着 AI 技术不断渗透至高阶管理场景，谈判这一核心能力也正在经历一场"智力增强"的革新。从谈判前筹备到临场博弈，AI 为高管提供了新的视角与工具，赋能路径主要体现在以下三个方面。

（1）AI 数据搜集、整理和分析。在谈判准备阶段，可以利用 AI 工具预先完成以下工作：分析竞争对手情况、研判谈判团队的性格特征与行为偏好，以及制定相应的谈判策略。

（2）微表情分析。虽然 AI 工具可以辅助谈判准备，但在实际谈判过程中，许多场合具有实时性和封闭性，通常仅允许携带必要的资料，而禁止使用其他电子工具。因此，管理者需依靠自身的观察力和解读能力，通过捕捉对方的神态（如嘴角抽动、瞳孔变化）、语调波动（如迟疑或加速），以及肢体语言（如双手交叠等）来获取关键信息。

（3）数据化博弈模型。AI 可将谈判对话实时转化为"情绪—语义热力图"，用以识别潜在冲突点。例如，当对方频繁提及"交付和服务"时，系统会标记这一关键拐点，谈判者可借此机会适时提出完整的解决方案，以掌握主动权。

正如 D 总所言，AI 工具在谈判全流程中发挥了重要作用，具体体现在：第一，在谈判前利用 AI 工具分析历史招标数据，推算出中标概率最高的组合方案，并基于预测结果制定相应的谈判策略；第二，在谈判中实时观察对方微表情，用之前 AI 收集、整理、分析的不同关键词去尝试读懂对方微表情背后的态度变化，结合 AI 预先分析的关键词库，解读其潜在态度，动态调整汇报方案以应对僵持局面；第三，在谈判僵持阶段，通过 AI 激活"虚拟竞争者"策略，模拟动态区间报价，在强调我方竞争优势的同时提供更具吸引力的价格，最终促成合同签署。

7.3.2 高效谈判策略和应对技巧

1. 谈判策略

（1）锚定效应强化：用 AI 分析行业历史数据，生成"锚定值区间"（如供应链谈判中，AI 对比 1 000 多个案例后建议首报价高于市场均价 15%）。

（2）动态让步策略：AI 模拟不同让步节奏的影响（如"先大后小"让步易触发对方贪婪心理，"阶梯式递减"更利于建立信任）。

（3）沉默博弈破解：当对手以沉默施压时，AI 通过预设的触发提词器推送"数据反问话术"（如我们需要重新计算这部分成本吗）来迅速调整话语节奏，打破沉默，推动谈话进度。

2. 应对技巧

（1）谈判沙盘系统：使用 AI 工具输入对手背景后生成人格画像（如"风险厌恶型"），推荐应对话术库，为使用者提供针对性策略支持。

（2）实时话术提示：腾讯会议插件 AI 谈判助手能够在

视频谈判过程中实时识别并标记对手发言中的关键词语，同时通过浮屏窗口自动推送相应的反驳逻辑链，为谈判者提供即时决策支持。

例如，某互联网企业高管在东南亚市场合作谈判中，运用 AI 技术分析对方高管的公开演讲数据，发现其决策模式具有显著的"社会认同效应"倾向。基于这一发现，该高管在谈判过程中借助 AI 系统实时调取当地关键意见领袖（Key Opinion Leader，KOL）的背书案例。当谈判陷入僵局时，AI 系统通过数据分析建议采用"某国头部企业已成功采用此合作模式"的表述策略。这一精准的谈判话术最终促使对方做出让步，成功推动了合作协议的达成。

7.3.3　AI 驱动的谈判策略优化：从节奏控制到资源裂变

在谈判过程中，节奏的掌握至关重要。恰当的沉默不仅能为自己争取思考空间，还能给对方造成无形的心理压力，同时也为双方提供了消化信息和调整策略的机会。当谈判进入关键阶段时，可适当加快节奏以推动协议达成。保持自信的肢体语言（如目光接触、微笑、端正坐姿）有助于塑造坚定而友好的形象。同时，需敏锐观察对方的非语言信号，及时捕捉其情绪变化与潜在需求。为达成共赢，应注重方案多样性与条款灵活性。例如，提供"方案 A/B/C"比单纯要求"接受或拒绝"更易促成合作。讨论具体条款时，应避免仓促承诺，可采用"该条款需进一步确认"或"需内部讨论后答复"等缓冲表述，确保在充分评估前不做出不可逆的承诺。

AI 赋能的三大进阶内容如下。

1. 节奏控制算法化

AI 通过语义分析判断谈判阶段（如试探期、终局期等），动态调整策略。

（1）试探期：用 AI 生成开放式问题（如您认为合作的核心价值是什么），探测对方底线。

（2）终局期：自动触发"最终报价倒计时"（如屏幕显示 48 小时失效），利用损失厌恶心理促成决策。

2. 资源裂变建模

AI 将传统零和博弈转化为多维资源交换，如管理者在谈判前使用 AI 工具实时计算"资源价值弹性"（如对手库存积压时，用渠道资源置换低价），生成双赢方案；在跨境谈判中，让 AI 自动关联汇率，利用政策风险数据，提出动态优化支付条款。

3. 风险—收益实时推演

阿里巴巴达摩院博弈引擎模拟不同条款组合的结果（如若增加 5% 预付款，成功率提升 23%，但账期需延长 6 个月），以使管理者快速权衡。

AI 时代谈判效能的计算公式如下。

谈判效能 = 情绪透明度 × 策略敏捷性 × 资源可塑性

（1）情绪透明度：AI 破解对手隐藏动机（如 AI 工具测算焦虑指数）。

（2）策略敏捷性：动态调整话术与节奏（如 AI 工具推荐的实时话术库）。

（3）资源可塑性：通过数据建模重构资源价值（如阿里巴巴达摩院博弈引擎）。

管理者的终极目标是让 AI 成为"谈判桌上的隐形副手"——由 AI 负责数据处理与算法分析，而人类则专注于战略洞察与信任构建。当技术赋能与人性智慧深度融合时，谈判的本质将从"零和博弈"升级为"协同价值创造"。

成长赋能

✳ 演讲作为一门管理艺术，其核心价值不仅在于语言表达，更在于能否引发听众的深度共鸣。

✳ 卓越的演讲能力是管理者展现自信与智慧的重要途径，能够帮助其在复杂的商业环境中建立差异化竞争优势。

✳ 成功的谈判不仅在于达成交易，更在于建立持久的信任关系与合作基础。

✳ 在谈判过程中，充分的准备和有效倾听往往比语言表达更为重要。谈判不仅是利益交换的过程，更是智慧与策略的博弈。

✳ 谈判作为一门沟通艺术，其核心价值在于帮助各方在冲突中达成共识，在分歧中发现机遇。谈判的艺术不在于说服对方接受己方的观点，而在于探索互惠共赢的解决方案。

第 **8** 章

复合品牌力：

数字化标签与行业势能构建

在 AI 时代，企业管理者不仅需要具备卓越的管理能力，更需构建强大的个人品牌以增强行业竞争力。本章将系统阐述数字化个人品牌的核心价值，指导管理者运用 AI 技术进行品牌建设，具体涵盖精准定位方法论、内容体系架构、传播渠道优化策略及行业影响力裂变路径。通过这一系列方法论，管理者能够建立差异化、个性化的数字化标签，从而增强行业影响力，并为所在企业创造更大的商业价值。

8.1
个人品牌的 AI 赋能逻辑

在 AI 时代，管理者个人品牌与行业影响力的构建已突破传统专业权威的单维模式，演变为"数字化标签 + 跨界势能"的复合增长范式。当前信息化与数字化加速发展的背景下，管理者可借助 AI 工具实现三重突破：重构品牌认知体系、打破行业圈层壁垒、强化差异化竞争优势。这一系统性变革最终将助力管理者建立可持续的行业领导力。

8.1.1　数字化标签打造：从专业权威到跨界 IP

1. AI 重塑行业格局：技术迭代加速，职业竞争透明化

在 AI 时代，技术迭代呈现加速态势，深刻重塑各行业运营范式并推动商业模式创新。面对这一变革浪潮，企业管理者亟须实现双重突破：既要确保技术应用的同步性，又要通过主动创新构建差异化竞争优势，从而持续保持行业领导地位。

在信息高度透明化的市场环境中，企业人才竞争日益激烈。当代管理者面临着前所未有的能力升级需求，其核心在于突破传统领导力边界，构建包含技术素养与个人品牌建设在内的复合型能力体系。值得注意的是，依托职位权威和机构背书的传统影响力模式正逐步失效——互联网技术的普及不仅加速了信息民主化进程，更使利益相关方对管理者的期望值呈现多元化、具体化特征。与此同时，信息爆炸导致管理者发声面临严重的"信号衰减"效应，专业声量极易被海

量信息淹没。在此背景下，如何脱颖而出，成为一个行业专家，是管理者们面临的关键挑战。

2. AI 赋能的品牌机遇

在 AI 时代，管理者个人品牌建设已进入数据驱动的新阶段。AI 技术通过三大核心机制赋能品牌创新：首先，基于海量数据分析的用户画像系统，能够精准识别目标受众的需求图谱与价值取向；其次，智能内容生成工具实现品牌信息的规模化定制与精准触达；最后，实时舆情监测系统确保品牌传播的敏捷响应。这种"数据—内容—反馈"的闭环体系，显著提升了个人品牌建设的效率与穿透力。

小米生态链积累的 8.6 亿智能设备用户数据显示，通过 AI 聚类分析发现，核心用户对"科技平权"理念具有高度认同。基于这一洞察，雷军将 SU7 的定价策略定位为"百万级体验、轻奢级价格"，并通过微博话题＃重新定义豪华电动车＃引发目标用户共鸣。在舆情监测方面，小米自研的"星云" AI 系统实时追踪社交平台声量，当监测到用户对"车顶防晒玻璃"的热议时，雷军在 48 小时内发布实测视频，播放量突破 8 000 万次，成功将技术细节转化为品牌记忆点。雷军的数字化品牌矩阵运营机制，充分展现了 AI 时代管理者 IP 建设的工业化能力。其采用 AIGC（AI 生成内容）工具实现了"1+N"内容裂变模式：将 3 万字的年度演讲逐字稿通过 AI 拆解，生成短视频脚本、金句卡片、深度解析等 23 种衍生内容，覆盖视频号、B 站、抖音、领英等全渠道传播。同时，团队利用 AI 分析用户活跃时段，制定动态发布策略：在工作日晚 8 点向职场人群推送技术解析类内容，在周末午间向家庭用户推送车主故事，使互动率提升了 217%。

小米集团智能语音助手"小爱同学"中搭载的雷军语音交互模块已服务超 1 200 万用户，能够通过多轮对话解答产品问题，并将高频咨询话题反哺内容创作。在行业变革背景下，管理者不仅需要引领企业发展，还需通过个人品牌提升行业影响力。这种虚实结合的模式使雷军个人账号的商业转化效率提升 1.8 倍。此外，内容团队运用 LSTM 情绪识别模型监测评论舆情，针对性设计"工厂夜巡"等场景化内容，使账号上的评论占比达 68%（同期科技行业 Top 100 KOL 平均值为 53%）。

3. 数字化品牌的价值

在 AI 时代，管理者品牌建设已从传统的经验驱动转向算法驱动。其核心逻辑在于构建"数据—情感—价值"三位一体的信任体系，使管理者能够实现个人影响力的指数级增长。管理者在社交平台上运营的自媒体账号通常与其职业发展和商业机会密切相关。研究数据显示，活跃度较高的管理者账号不仅能显著提升行业影响力，还能有效拓展商业合作机会。例如，小米创始人雷军的高互动性社交账号通过持续发布关键事件（如造车进展、战略合作及用户互动等），强化了个人品牌形象，显著提升了行业影响力。这种数字化品牌势能不仅带来商业合作机会，吸引投资者、客户和合作伙伴，还形成市场信任度和知名度的溢价效应。值得注意的是，在资本市场中，这种影响力形成了独特的"领导者溢价"现象。

4. 数字化标签打造

个人品牌价值的计算公式：个人品牌价值 = 专业深度 × 跨界广度 × AI 适配度。

（1）专业深度：AI 工具通过分析管理者的公开演讲、行业报告及社交媒体互动数据，能够自动生成两类关键标签：一类是"核心能力标签"（如"数字化转型专家"），另一类是"跨界关联标签"（如"公益创新者"）。例如，某金融企业高管借助 AI 分析其十年来的公开演讲及文章内容，发现"区块链金融"与"乡村教育"两大主题存在隐性关联，于是顺势塑造了"普惠科技布道者"的专业形象，最终实现跨界论坛邀约量增长 300%。

（2）跨界广度：用 AI 工具生成专业文章、行业点评、跨界观点（如科技＋艺术融合趋势分析），并实现一键式多模态内容转化，将核心内容自动适配为短视频、信息图等多种形式，从而显著增强个人标签的渗透力。根据小米 2024 年财报及公开技术文档，雷军年度演讲内容通过 AI 辅助工具实现多模态拆分，生成包括短视频脚本、数据可视化图表在内的衍生素材，并由运营团队在抖音、B 站等平台矩阵式分发。第三方数据显示，该策略推动雷军个人 IP 搜索量在 2024 年 8 月（演讲发布次月）环比增长 98%，核心渠道互动率提升超 200%。

（3）AI 适配度：AI 工具实时监测行业热点与受众兴趣变化，动态调整标签权重。

5. AI 驱动的身份地图

身份地图包含各种对自我概念有重要意义的元素。在一次为创业公司高管策划人设标签的案例中，我们团队就如何定位其个人标签产生了激烈讨论。该高管是一位来自加拿大的年轻创业者，在杭州创办了一家虚拟现实技术公司。在策划会议上，团队成员提出了多种定位方案：有人主张以"行业专家"标签突出其专业深度，有人建议采用"科技观察者"身份强调其前瞻视角，还有人提议以"外籍科技创业者用中文传播科技"的特色作为差异化定位。由于各方意见难以统一，会议持续了相当长时间仍未能达成共识。最终，我们决定引入 AI 技术，通过构建该高管的"身份地图"来系统梳理其核心特质。我们将职业、教育背景、工作经历、家庭角色、爱好、朋友圈、社群和其他等元素全部连接起来，找到有多重联系的节点，同时结合每个人建议的人设画像、目标受众群体及想达到的效果，用 AI 做具体分析，之后 AI 给出了一个相对折中的方案，以外籍人士身份为切入点，采用中文以科技观察者视角解读行业热点。

例如，"CES 展会现场实录""Apple Vision Pro 体验报告"等主题视频，通过 2 分 30 秒的轻量化内容形式建立受众情感联结。项目启动初期拟进行为期一周的试运行，根据数据反馈动态优化内容策略。会议达成以下执行共识：优先确立核心人物形象定位，分阶段构建立体化人物特征，结合周度数据指标进行策略调整，通过身份图谱打造精准个人标签，强化行业权威属性，助力企业管理者建立差异化自媒体竞争优势。

对于个人标签打造，人设的确定是至关重要的。我们可以通过三维定位法进行系统分析：行业贡献者、技术革新者、跨界破圈者。建议将自己的经验、观点和解决方案与行业发展紧密结合，通过发布高质量的行业报告、分享实战经验、参与专业论坛讨论等方式，在特定领域建立专家形象。例如，一位专注于金融科技的高管可以通过参与相关行业论坛、撰写金融创新的深度文章来提升自己的专业形象，这是行业贡献者。

在技术的前沿领域，尤其是 AI、区块链、物联网等领域，管理者可以通过技术创新或应用创新来构建技术创新者的标签。具体而言，管理者可以发表自己的技术思考、推动公司技术转型，或是参与开源项目等，这是技术革新者。

同时，管理者还可在不同领域之间架起桥梁，将自己的专业背景应用到不同的行业中，从而突破行业边界。通过跨界合作、参与多元化项目、跨界合作等，打造个人的"跨界破圈者"标签。例如，一位原本从事医疗领域的高管，转型到教育行业，通过 AI 在教育上的应用，打破传统行业壁垒，这是跨界破圈者。在企业高峰论坛上，一场别开生面的企业"传帮带"导师学徒授礼仪式引人注目。仪式主持人并非商界人士，而是一位跨界的医学专家。这位医生在专业领域深耕的同时，始终保持对 AI 技术的热忱，利用业余时间通过 AI 工具创作内容，成功塑造了独特的个人品牌。其创新实践不仅突破了行业壁垒，更以 AI 为媒介，构建起连接不同领域专家与企业家的社交网络，产生了显著的跨界联动效应。

值得关注的是，职业人士的角色定位远不止于单一维度。未来的价值创造不再依赖团队的规模和层级，而取决于个体能否有效调用、组织和协同各类智能代理，将其组合为高效运转的价值链条。企业管理者完全可以凭借自身资源优势，拓展成为资源整合者、价值传递者、行业影响者或趋势观察者等多重身份。当运用 AI 工具进行个人发展规划分析时，往往会获得意想不到的发现：AI 技术能够帮助使用者更清晰地认知自我潜能。通过系统化运用 AI 工具打造个性化职业标签，将为未来职业发展开辟更广阔的可能性空间。未来的职场，属于那些能够与 AI 协同共生，主动定义自身价值路径的人。

8.1.2　AI 赋能个人品牌的五个环节

个人品牌的核心在于明确自身定位，使受众清晰了解"你是谁""提供何种价值"及"解决哪些问题"。构建清晰独特的品牌定位是脱颖而出的关键，尤其对管理者而言，这能有效突破同质化竞争困局。完整的个人品牌建设体系包含五大核心环节：定位公式、差异化公式、内容体系、AI 驱动的品牌传播及数据反馈的关键指标，形成从"身份界定"到"价值论证"再到"认知塑造"的完整闭环，最终实现"公众认知"与"自我定位"的统一。

1.定位公式：个人品牌 = 目标受众 + 个人价值 + 区别化竞争力

（1）目标受众：了解你想要影响的群体，如管理者、创业者、行业专家等。明确目标受众可以帮助你集中力量进行内容创作。

（2）个人价值：你能为目标受众带来的具体价值或解决方案，如行业知识、战略眼光、领导力、创新力等。

（3）区别化竞争力：明确自己与同行的不同之处，帮助建立独特的品牌形象。例如，结合自己的经验、专长与 AI

工具的使用，创造出与众不同的价值主张。

2. 差异化公式：个人品牌 = 行业痛点 × 个人专长 × AI 赋能场景

（1）行业痛点：了解行业的痛点或未被充分满足的需求，找到自己品牌的切入点。例如，企业数字化转型中的挑战，或是管理者在管理中面临的复杂决策问题。

（2）个人专长：聚焦于自己的核心能力，如战略规划、团队领导、创新管理等，并与行业痛点结合，提供独特解决方案。

（3）AI 赋能场景：结合 AI 技术，为品牌注入科技元素，提升竞争力。例如，利用 AI 工具提供实时市场分析，或者通过 AI 辅助的预测决策，帮助企业做出前瞻性的战略规划。通过 ChatGPT/DeepSeek 等 AI 工具进行关键词分析，生成关于品牌定位和专业领域的关键词建议。借助 AI，能够快速分析当前的行业趋势和管理者的核心需求，帮助品牌制定精准的定位方案。

3. 内容体系

知识 IP 矩阵：文章 / 短视频 / 播客 / 白皮书的多形态联动。打造个人品牌时，内容是核心。通过多元化的内容形式，将知识和经验以不同方式呈现给受众。

（1）文章：深度的行业见解、个人经验总结，以及解决方案。

（2）短视频：快速传递信息，增加品牌曝光度。

（3）播客：更为深度和专业的对话，适合传播行业动态、经验分享等。

（4）白皮书：针对特定领域或行业痛点，提供系统化的研究成果。

这些内容形式不仅能吸引不同受众，还能提高个人品牌的多渠道影响力，形成内容生态。我们常说，在数字化时代，管理者的高质量信息内容创作已成为获取行业话语权的重要途径。为最大化信息传播效果，可借助 AI 工具实现以下赋能：其一，辅助完成内容生产的全流程，包括文章框架规划、主题创意生成与结构优化；其二，创建符合传播特性的视觉素材，如短视频特效、社交媒体封面等视觉元素，从而显著提升内容的视觉吸引力和信息可读性。

4. AI 驱动的品牌传播

选择合适的传播渠道是推广个人品牌的关键。在职场中，可通过行业论坛等建立专业形象，拓展人际关系网络，或通过参与行业社群，以提高行业影响力。此外，还可通过运营个人微信公众号、视频号等自媒体平台构建私域流量池，增强用户黏性。从内容创作到社交传播，AI 让每一位管理者的个人品牌建设变得更加精准和高效。

传播效能计算公式：传播效能 = 内容质量 × 情感共鸣 × AI 分发精度。

具体而言，AI 通过以下三个关键环节提升个人品牌传播的整体效果。

（1）智能内容分发：AI 工具根据平台特性（微信重深度、抖音重爆点）自动优化内容形式与发布时间。例如，将万字行业报告转化为 10 条 Twitter 线程 +1 条 TikTok 动画；在领英发布专业观点时，AI 插入"#AI 高管领导力""# 学习力"等高流量标签。

（2）情感化传播设计：使用 AI 工具分析受众情绪偏好，生成不同风格的内容变体（理性派用数据开篇，感性派用故事切入），并通过 A/B 测试选择最优版本。

（3）危机预警与修复：用 AI 工具实时扫描全网舆情，标记负面关联词（如"垄断""裁员"），并推送应对话术（如"我们的目标是创造共享价值"）。

5. 数据反馈的关键指标

（1）内容互动率：衡量内容是否吸引了受众，点赞、评论、分享等互动行为能反映受众对个人品牌的认同度。

（2）粉丝画像：通过分析粉丝的年龄、性别、地理位置、职业等信息，帮助管理者理解目标受众，调整品牌策略。

（3）行业搜索排名：通过搜索引擎优化（Search Engine Optimization，SEO），提高个人品牌在行业相关关键词下的搜索排名，增加品牌曝光度。

利用 AI 工具帮助管理者跟踪和分析网站、博客、社交平台的访问数据，了解受众行为，优化品牌策略。同时，AI 工具还可以做第三方舆情监测，通过实时监测行业趋势和公众反馈，评估品牌形象并调整传播策略。

8.2
行业影响力的复合路径

在 AI 赋能的数字生态中，行业影响力建设已从线性积累转向"能力数据化—跨界增值"的螺旋上升模型。管理者以 AI 为杠杆，将个人专业势能转化为可编程、可裂变、可跨界的数字资本。

8.2.1　圈层突破三步法

（1）垂直领域深耕：在行业内部积累知识深度与权威性，是管理者打造行业影响力的第一步。

专注于某一领域，成为该领域的知识引领者和问题解决专家，是构建行业领导力的核心路径。管理者可借助 AI 知识图谱强化专业权威性。例如，用 AI 工具整合行业数据，辅助撰写深度分析报告，关联前沿学术成果（如顶级期刊论文）与政策文件，生成"影响力指数"，并逐步培养忠实的受众群体，建立专业个人标签，并吸引更多行业资源。例如，某医疗高管通过 AI 将其"AI 辅助诊断"观点与《柳叶刀》最新研究关联，被媒体引用为"行业标杆解读"，显著提升了个人在垂直领域的认可度。

（2）跨行业联动：一旦在垂直领域积累了一定影响力，就可以开始跨界合作，将自己的影响力扩展到其他相关或互补行业。通过与其他行业的管理者或专家进行合作，参与跨行业的峰会或论坛，扩大品牌影响力。例如，在互联网行业工作的某高管，平时喜欢接触一些新的 AI 工具，她敏感捕捉到 AI 工具在职场中的应用，于是在小红书上注册了一个账号，传授自己在工作中如何利用 AI 工具更高效完成工作的经验，并开发了一系列的职场内容，从而成为 AI 应用在职场赛道的引领者。

在个人品牌建设过程中，可借助 AI 技术优化行业资源整合与跨界合作。具体而言，AI 工具能够帮助分析行业资源分布，识别高价值节点（如政策制定者、头部投资人），并基于算法推荐潜在合作伙伴。例如，输入"新能源汽车 + 游戏"等关键词，AI 可精准匹配虚拟游戏开发商与车企高管，促成跨界协作。2023 年理想汽车与米哈游（《原神》开发商）合作推出"提瓦特之旅"定制车机界面，覆盖理想 L

系列车型。联动期间理想 App 日活增长 40%，新增用户中 30% 标注"原神玩家"身份，72 小时内车机主题下载量突破 15 万次。此类跨界联动首次实现 3A 级游戏 IP 与智能车机深度整合，验证了"Z 世代用户—游戏内容—汽车品牌"的营销闭环。

跨界交流能够促进不同领域优秀人才的思维碰撞与相互学习。在此过程中，可逐步构建个人"虚拟导师库"——通过 AI 工具对导师资源进行系统化管理，包括标签分类、专长更新及成长目标匹配（如技能、态度或性格特质），并据此制订长期训练计划。值得注意的是，导师库应随个人发展阶段动态调整，以确保其持续有效性。我有个高管朋友，他坚持每日精读经典著作（如《曾国藩家书》《巴菲特致股东的信》），并借助 AI 工具对书中的核心观点进行提炼与优化，最终形成了一套可迭代的个人成长方法论。

（3）媒体背书：管理者可通过与权威媒体建立深度合作，有效扩大个人影响力。具体实施路径包括：接受专业媒体专访、发表行业评论文章，以及发布具有前瞻性的研究报告等。例如，某高管借助 AI 技术生成的行业分析报告，因精准把握市场需求与技术演进趋势，获得多家权威媒体转载，从而在业内形成广泛讨论，显著提升了个人专业声誉。

8.2.2　虚拟活动与跨界合作

在数字化时代，虚拟活动成为管理者增加曝光和影响力的重要途径。利用 AI 生成的演讲视频和内容，管理者能够轻松地参加多个峰会和行业交流活动。通过 AI 工具合成的演讲视频，可以保持演讲质量与个性化风格，而不必出席每个活动。这样一来，管理者能够最大化地扩展其影响力与知名度。管理者可以利用 AI 生成的个性化内容，在全球范围内的虚拟活动、在线会议中频繁亮相，与行业领袖互动，并向广泛受众传达其价值观和专业见解。

同时，管理者通过 AI 工具，可以生成系统化的知识付费课程，向行业内外的受众提供个人化、深度的行业知识与领导力培训。课程内容不仅限于自己的专长，还可以结合最新的市场动向和行业趋势，通过多平台发布，提升个人品牌影响力。某投资公司总经理基于多年行业经验与深度市场调研，在 AI 热潮期间，适时推出探讨 AI 发展趋势的著作。这种无论是结合管理者的专业领域知识，还是与潮流相关的话题内容，都可以让管理者通过自媒体平台来实现个人影响力的快速扩展，同时也可以进一步通过知识变现获取收益。

在持续输出内容的基础上，管理者还可以通过战略性的跨界合作，进一步强化自身品牌在行业生态中的稳定地位。

管理者可以通过跨界合作，与 AI 技术平台、科技企业、咨询企业等联合发布行业解决方案，推动行业创新。这种合作有助于将管理者的个人品牌与行业内的技术创新相结合，提升其在行业中的领导力和影响力。例如，某企业高管与一家 AI 企业合作，发布了一款专为医疗行业设计的 AI 解决方案，不仅帮助企业解决了行业痛点，还将个人品牌与技术创新紧密联系，从而成为行业标杆。

除了对外联动，管理者也可以借助 AI 工具，提升社群运营效率，在"微生态"中持续积累信任和口碑。

管理者可以利用 AI 助手管理社群，自动化地进行日常互动、内容推送、成员推荐等。我有个金融行业的高管朋友创建了一个私域流量社群，他每天需要研读大量国内外金融资讯和分析报告。为此，他用 AI 工具对所有内容进行摘要提炼，同时提炼关键词不断训练 AI。基于每日设定的社群讨论主题，他能够从 AI 系统中调取相关信息，生成质量高又精简的早报。此外，他还配置了 AI 助手每天早上定期发布国内外早盘消息，分享行业动态、报告分析等内容，这种高效的信息传递和分享不仅吸引更多的行业精英加入，更显著提升了社群的活跃度与影响力。

综上，在 AI 赋能下，虚拟活动与跨界合作的实现路径可归纳为以下三类场景。

（1）AI 虚拟活动策划：利用 AI 工具生成虚拟发布会场景，创建数字分身进行多语言演讲，突破物理限制。例如，红杉资本年度峰会使用 AI 生成"平行宇宙分会场"，虚拟版沈南鹏可回答预置投资问题，使活动覆盖人数从线下 600 人扩展至线上 5 800 人（扩大近 10 倍）。

（2）跨界内容共创：用 AI 工具生成跨界对话脚本，设计联名 IP 视觉形象，强化破圈效应。

（3）数据化影响力评估：AI 工具量化活动传播效果（如"跨界合作后行业搜索指数上升 57%"），同时推荐下一步优化方向。

AI 时代复合品牌力的计算公式为：复合品牌力 =（数字化标签 × 传播裂变）+（行业势能 × 破圈强度）。管理者需以 AI 为杠杆，将个人专业力转化为可传播、可交互、可跨界的数字资产；行业影响力的构建需同时穿透技术圈层、资源网络与公众认知，最终实现从"个人 IP"到"生态标杆"的跃迁。

成长赋能

✳ 在激烈的市场竞争中，精准的个人品牌定位和显著的行业影响力，是管理者实现差异化竞争的关键优势。

✳ 个人品牌的力量来自不断创新与差异化，而 AI 为这一过程提供了前所未有的效率支持。

✳ 在数字化时代，管理者的每一次内容创作都是与行业话语权接轨的重要契机。

✳ 借助 AI 工具，管理者可以打造独特的个人品牌标识，为未来职业发展创造无限可能。

✳ AI 技术正在重塑管理者的个人品牌建设，从内容创作到社交传播的全流程都实现了精准化和效率提升。

第 9 章

复合成长飞轮：

释放复合人脉力的连接势能

在AI时代，管理者的人脉管理模式已实现从"经验驱动"到"数据决策型"的转型升级。基于三维评估模型（行业影响力、资源互补性、连接可能性），系统可精准识别高价值人脉，并配合AI分级策略（S级、A级、B级）实现动态优先级管理，从而推动资源网络实现指数级扩张。当前主流AI工具（如脉脉智能人脉、钉钉智能连接）通过智能破冰与深度连接等功能，有效聚合人脉资源。展望未来，随着脑机接口等前沿技术的渗透应用，人际交互规则将迎来根本性重构，人脉网络将进化为具备"神经协同"特性的智能生态。这一演进最终将助力管理者群体突破传统"社交消耗"模式，构建起"战略杠杆"驱动的复合成长飞轮。

9.1
复合人脉力：AI 驱动的资源网络裂变

传统依赖主观判断的社交方式，正在被三维评估模型所取代——AI 通过分析社交平台数据、企业内部协作记录及行业动态信息，量化人脉价值并生成动态行动建议，使资源网络实现从"随机连接"到"精准裂变"的转型。复合人脉力是指借助 AI 实现人脉关系的精准识别、战略联结与价值跃迁的能力。

9.1.1 从经验社交到数据决策：三维评估模型实战

在传统职场中，管理者的人脉管理主要依赖于人际互动、会议及社交活动。然而，随着时间碎片化与工作高度集中，许多管理者面临难以充分利用现有资源的困境。现代职场的信息爆炸使大量潜在商机、合作机会与人脉资源未能有效转化，导致"弱关系"出现断层。据脉脉研究院《2023中国职场人脉价值报告》，基于 App 内行为分析，管理者群体中仅 28.7% 的职场联系人能在 1 年内产生主动沟通，而63.9% 的潜在弱关系（如校友 / 前同事）长期未维护。同时，猎聘《2023 职场关系洞察》显示：70.3% 的经理级及以上人员承认"未能有效维护职业人脉"。这表明，尽管管理者拥有丰富的潜在资源，但由于时间与管理效率的限制，这些资源未能有效转化为实际价值。

在当前的职场环境中，管理者普遍面临时间日益碎片化的挑战。频繁参与各类会议、应对突发性业务需求及处理日常管理事务，使他们难以专注于建立并维护具有长期价值的人际关系网络。此外，传统的人脉管理方式主要依赖直接联系和面对面互动，这使管理者难以将潜在关系有效转化为商业价值。由于日常事务繁忙，许多后续交流被迫中断或搁置，导致社交平台及过往沟通记录中的潜在人脉资源未能得到充分识别和利用，从而影响了隐性资源的有效整合。

AI 破局：三维评估模型的具体内容如下。

（1）专业关联度——脉脉 AI 助手：通过分析人脉的行业标签、工作经历等关键词内容，AI 可将其与管理者做基础关联推荐并进行智能匹配，生成"关联度热力图"。例如，当某高管布局新能源市场时，系统可自动识别并推荐三类关键人脉：电池技术专家、充电桩运营商及地方政府招商负责人。

（2）资源互补性——钉钉智能人脉：通过整合企业内部协作数据（如跨部门项目参与记录）与从第三方插件获得外部行业图谱，AI 系统能够识别潜在人脉的隐性资源价值（如某客户是企业高管同时担任行业协会理事），并量化其协同价值。以钉钉智能系统为例，当某制造企业 CEO 联系物流供应商时，系统会提示：您联系的物流供应商董事长与目标客户有三个共同投资项目。

（3）互动活跃度——脉脉活跃度引擎：基于消息回复率

和动态互动频率（包括点赞、评论等行为）的数据分析，系统可计算人脉的"活性指数"，并据此智能生成关系维护策略。例如，当检测到某联系人活性指数低于 20% 时，系统将建议发送定制化维护信息——通过 AI 拟定个性化内容来重新激活该关系。

（1）数据输入：整合钉钉组织内外联系人（1.2 万人）、脉脉职场动态、邮件历史记录。

（2）AI 筛选：识别出 45 名"高关联度＋低活跃度"人脉（如头部主播商务负责人、新零售平台高管）。

（3）策略执行：AI 系统可批量生成定制化商务内容（如包含"618 大促合作方案"及对方历史业绩数据的提案），通过钉钉智能触达系统进行分批次精准推送。针对未及时回复的潜在合作伙伴，系统会自动在其社交动态下进行智能互动（如评论："您上周分享的直播转化模型极具行业洞察"）。实践数据显示，该方案实施首月即成功激活 18 次深度商务洽谈，并促成 5 家企业的战略合作落地。

9.1.2　AI 预测 + 批量触达：高价值人脉的智能激活

AI 技术的兴起正在重塑管理者职场人脉管理的范式。依托大数据分析、机器学习及自然语言处理等核心技术，AI 不仅能够帮助管理者识别并挖掘潜在的人脉资源，更能通过智能预测分析和批量精准触达等功能，实现人脉管理流程的系统性优化。

传统社交模式主要依靠个体间的直接互动来建立一对一关系。这种模式通过持续接触与交流寻找共同点，并基于这些共性发掘共同成长的要素。当这些要素形成有机组合时，便构成相对稳定的社交核心。然而，这种模式需要投入大量时间与精力，且难以高效维护大规模人脉网络。相比之下，智能社交模式（AI 预测 + 批量触达）运用 AI 技术，能够快速构建管理者的身份图谱和社交网络节点。该系统通过分析管理者的历史沟通记录、社交媒体互动及其他相关数据，自动识别潜在人脉资源，并提供精准的触达方案。借助智能算法预测最具价值潜力的合作关系，再配合自动化工具实现批量触达，显著提升了人脉管理的效率。

例如，杭州一家人工智能科技公司 CEO 想拓展海外市场，通过使用 AI 工具在领英平台系统性地构建人脉网络：

持续同步公司产品动态与行业资讯，同时利用 AI 智能筛选功能，主动连接行业相关潜在客户与合作伙伴。基于对目标用户档案及发布内容的语义分析，结合社交网络数据挖掘技术，AI 成功识别出传统方式难以发现的隐性资源关联。在完成潜在客户画像建模与合作机会评估后，AI 工具进一步辅助生成个性化沟通信函。通过精准匹配关联内容与高效触达策略，该 CEO 在两个月内实现与多位行业领袖的深度对接，包括视频会议等高价值互动，最终促成多笔海外订单落地。在智能社交模式下，AI 大幅提高了信息筛选的效率，还准确识别出最具潜力的合作伙伴，缩短了传统社交过程中所需的时间和资源，并拓展了新的社交范围。

为了更系统地理解 AI 如何助力人脉的精准挖掘与高效激活，我们将从以下两个维度进行阐释。

1. AI 工具链

（1）隐性资源挖掘——脉脉 AI 助手：构建目标人脉的职场轨迹、项目关键词（如"跨境电商""私域运营"），标记"直接 2 度人脉"。

（2）智能触达系统——钉钉智能人脉：根据人脉背景生成个性化沟通模板（技术派附技术白皮书摘要，资源派强调生态协同价值），支持一键批量触达；自动追踪消息打开率、链接点击热区（如某区域经销商对"分润政策"点击量最高），优化后续话术。

在当前精细化运营与高效商务拓展的背景下，越来越多的企业尝试引入 AI 工具链，辅助实现人脉挖掘、触达优化与转化率提升。以下是杭州某科技公司在 2024 年的典型应用实践。

①数据感知层：结构化识别潜在人脉。

通过商业社交平台和内部 CRM 系统，结合 AI 模型对公开资料（如项目经验、行业标签、发文内容）进行非侵入式结构化提取，识别高匹配度的人脉标签（如"AI 医疗""三类证申报"等）。

②智能筛选层：构建初步人脉优先级。

结合过往互动记录、行业活跃度与企业业务匹配度，系统辅助识别出一批"潜在合作方"，并基于标签相似性和互动可能性进行优先级排序。

③智能触达层：场景化定制沟通策略。

借助钉钉的企业协同功能与 AI 插件，该企业实现了以下功能：

- 针对不同类型受众（如技术背景人群、生态合作方），自动生成差异化沟通话术或内容包（如技术方案＋行业案例组合）；
- 实现批量信息推送，并基于打开率、点击行为等数据持续优化表达策略；
- 针对有反馈意向的客户，AI 辅助生成定制的会议内容或产品演示方案，提高后续沟通效率。

实际成效（以一个周期内为例）：

- 在保持人力规模不变的前提下，触达人群数量提升显著；
- 初轮内容打开率超过行业平均水平，其中部分内容的热区点击数据有效反映了用户的兴趣点分布；
- 后续转化环节中，通过内容优化和精细跟进，促成了多个目标客户的初步合作意向。

2. AI 人脉管理的终极逻辑

资源网络效能 =（数据密度 × 算法精度）÷ 时间成本

管理者需将人脉视为"动态数据资产"，用本土化 AI 实现三类跃迁。

（1）从模糊到精准：借助结构化人脉标签与内容分析模型，脉脉企业服务可帮助企业在筛选阶段提升匹配效率，减少依赖主观判断。

（2）从被动到预测：企业可结合钉钉人脉协同工具与外部市场节奏数据，提前规划沟通节奏，提高关键时期的触达效率。

（3）从单点到裂变：借助人脉网络分析工具，企业可识别出关键影响节点，结合 AI 辅助标签分析，实现更具策略性的人脉激活与合作网络拓展。

9.2
AI 重构人脉价值的底层逻辑

在 AI 时代，人脉管理已实现从"经验直觉驱动"向"数据智能驱动"的范式升级。基于算法的资源网络重构从根本上改变了传统管理逻辑，使企业管理者得以从低效社交中抽离，将有限精力集中于更具战略价值的商业关系构建。

9.2.1　从经验直觉到数据决策

　　在传统的人脉管理实践中，企业管理者通常依靠个人经验和直觉来判断人脉的价值，并基于既往社交经验来决定与潜在合作伙伴或客户的接触时机及方式。这种方法虽然取得一定成效，但在信息爆炸时代和管理者资源有限的背景下，已难以实现人脉资源的最优配置。AI 技术的引入正在重塑这一管理模式。通过数据分析和智能预测，AI 系统能够将原本依赖直觉的决策过程转化为更加科学、精准的判断机制。具体而言，AI 可以整合以下多维数据源：管理者个人的社交记录和通信数据、参与活动的历史数据、市场及行业动态（包括投融资事件和政策发布）、人脉隐性关联网络（如共同投资人、校友关系等）。基于这些数据，AI 能够构建"人脉价值图谱"，对每个联系人进行潜在价值评估，从而帮助管理者精准识别最具合作潜力的商业伙伴、投资者或目标客户。此外，AI 工具还能实现动态价值评估，如当企业布局 AI 医疗领域时，系统会自动提升相关药企高管在行业峰会发言的权重系数（如 3 倍加权），实时计算人脉的

"战略适配度"。

AI 通过分析社交网络中各个节点之间的关系，构建了一套科学的人脉价值评估体系。该体系能够基于影响力评分系统，帮助用户识别具有商业价值的关键人脉关系，并精准定位值得重点拓展的"战略连接点"。AI 通过整合多维数据，包括用户的社交活动记录、互动频率、行业影响力等指标，构建了一套智能化的人脉价值评分系统。该系统能够科学评估人脉网络的潜在价值，从而为管理者提供精准的决策支持。例如，某投资机构在集成钉钉企业通信录与 CRM 系统后，结合内部通信标签与项目跟进记录，借助 AI 辅助识别一位长期合作的财务顾问与多家目标企业存在间接联系。团队据此加强了针对该顾问的人脉维护，3 个月内促成与 2 家新兴企业的深入接洽与跟投合作。

9.2.2 从单点连接到网络效应

传统人脉管理模式通常聚焦于单一的个人联系，如维护特定客户或合作者的关系。管理者主要通过一对一的沟通方式建立关系网络，但这种线性连接模式容易形成资源流通的"瓶颈"，难以充分释放广泛社交网络的潜在价值。借助

AI 技术，人际关系管理得以从"单点连接"升级为基于网络效应的多维度协作系统。AI 通过深度分析社交数据、邮件往来记录、会议纪要等信息，能够精准识别社交网络中具有"桥梁"功能的关键节点，即那些能够有效串联多个重要社交圈层、实现资源高效对接的"资源桥接者"或"枢纽型人脉"，从而重构资源链接的底层逻辑。

基于这一逻辑，企业可以借助 AI 在人脉管理中的多个关键应用场景，系统提升社交资源的运用效率。

（1）枢纽节点识别：通过分析专业社交图谱，企业可以识别具备"中介中心性"的枢纽联系人，即那些在多个社群之间起到桥梁作用的"超级连接者"。例如，某消费品企业在调研中发现，其联系人之一——某行业协会秘书长，活跃于多个主流渠道商网络。企业随后加强了与该关键联系人的沟通与合作，有效推动新品进入核心分销网络，缩短了从发布到上架的周期，提升了铺货效率。

（2）跨圈层裂变：基于社交网络分析理论，部分企业开始尝试结合自身 CRM 与 AI 工具，绘制多级人脉图谱，从而发现跨部门或跨行业的潜在连接路径。例如，一家跨境电商企业通过内部人脉数据分析，发现其物流合作方的高层与某海外零售商管理层存在关联。在此线索基础上，企业快速组织了三方会议，成功推动商务合作的初步洽谈流程，为原计划需时数月的接触节奏带来了提速可能。

　　对于"连接者"这一网络关键节点的实际价值，我在阿里巴巴的工作实践中也有过深刻的体会。一位海外工程师同事来杭州总部出差，我特意组织了一场聚会，邀请了本地几位同事一起参加。虽然我们此前通过视频会议有过多次项目合作，但这次聚会才是我们第一次真正意义上的线下见面。

　　那是一个春意盎然的午后，我们在茶园里边品茶，边轻松地交流。这位工程师提到他最近正在读马尔科姆·格拉德威尔（Malcolm Gladwell）的《引爆点》（*The Tipping Point*）。这本书探讨了社会现象如何从微小起点迅速扩散，最终达到引爆点（tipping point），引发大规模变革或流行趋势。他特别提到书中提出的"少数法则"（The Law of the Few），即少数关键人物凭借其强大的影响力，能够左右大多数人的行为和趋势。这些关键人物分为三类：连接者（connectors）、传播者（mavens）和销售员（salesmen）。他半开玩笑地说我就是书中所说的"连接者"。

　　当时我并未深究，直到后来读完《引爆点》这本书才明白，连接者是指那些拥有广泛社交网络的人，他们能够跨越不同群体和社区，成为信息与影响力的传播桥梁。连接者作为社会网络中的关键节点，其独特价值不仅体现在个人社交圈层的广度，更在于他们能够有效整合看似离散的群体与信息，从而加速社会现象的传播与扩散。现在回想起来，那位工程师同事的评价确实是对我社交能力的高度认可。

在加入阿里巴巴之前，我已积累了扎实的专业知识和丰富的工作经验，特别是政府工作经历培养了我系统性的资源协调能力。这些复合型能力使我在阿里巴巴任职期间能够快速适应并高效开展工作。当时我负责协助管理层拓展海外业务板块，日常工作需要频繁协调各国办公室团队，并与不同专业背景、职能岗位的同事保持深度协作。这种跨地域、跨部门的连接工作，恰好印证了连接者在组织网络中的桥梁作用。我通过定期参与各业务板块管理例会及研读高管周报，快速建立了对集团业务的全局认知。这种独特的信息优势，结合日常跨团队视频会议和项目协作，使我对各业务单元人才结构有了深度了解。

在实际工作中，我往往扮演着资源调配者的角色——通过精准识别团队成员的核心能力，将其与业务需求进行战略匹配，从而推动项目高效落地。这一角色特质与格拉德威尔在《引爆点》中阐述的"连接者"理论高度契合。书中揭示：在社会网络结构中，少数具有广泛连接的个体能够通过其关系网络，显著加速信息传播与社会变革的进程。这种"枢纽型人脉"的价值，如今正被 AI 技术量化呈现——通过社交网络分析算法，系统可以智能识别那些横跨多个行业、部门或组织的关键节点，并可视化展示其创造的网络协同效应。这种数字化赋能，使传统人脉网络的"连接者"价值得以更科学的评估和运用。

在商业社交网络中，存在一类特殊的"资源桥接者"——他们不仅在本行业具有影响力，更能通过个人关系网络实现跨行业资源整合，以及连接与赋能的双重价值。其最大竞争力，正是在于能创造性地调动周围的知识、技能、人脉与资源，形成高效的价值协同网络。

在工作实践中，我会定期参加行业峰会及专业闭门会议，并运用 AI 工具进行智能化会议纪要处理。这些工具能够自动识别并标注关键人物与机构，特别是那些具有跨行业连接能力的"枢纽型人脉"，同时智能分析其社交网络图谱。基于 AI 的推荐系统，我会有针对性地与这些潜在合作伙伴建立联系，并保持持续互动。当具体合作机会出现时，通过这种数据驱动的社交方式，能够快速启动项目对接，显著提升工作效率。我常与同行分享一个发现：通过业务场景自然建立的社交关系，经过系统性维护后，往往比传统社交方式更具实效性——当业务需求真正来临时，这些"蓄水池"式的人脉资源能够立即转化为实质性的商业合作。

9.2.3　从社交消耗到智能杠杆

传统的人脉管理社交方式往往具有高消耗、高时间成本的特点。企业管理者为拓展社交网络，通常需要频繁参与各类会议和社交活动，并与每位潜在联系人单独建立关系。这种社交模式不仅需要投入大量时间，而且并非所有联系都能产生预期回报。AI 技术的引入为人脉管理带来了革新性改变。通过自动化与智能化辅助，AI 显著提升了社交活动的效率，使互动产生更高的杠杆效应。随着 AI 工具的发展，企业管理者的人脉管理效率正在逐步提升。通过 CRM+AI 系统，管理者可以更便捷地识别高潜力联系人、自动分类人脉资源，并生成个性化沟通建议。例如，一些企业已开始采用 AI 协助会议安排、会议纪要整理与后续事项提醒，从而减少管理者在日常沟通协调上的时间投入。

AI 的优势并非在于"替代人脉管理"，而是在于将重复性事务自动化、结构化，帮助管理者将注意力集中在更有战略价值的互动场景上，从"社交事务"升级为"社交价值管理"。通过 AI 赋能，管理者得以将人脉管理从"社交消耗"转化为"智能杠杆"，从而将有限的时间和精力集中到最具战略价值的社交活动中，最终实现资源整合与价值回报的最大化。

在 AI 时代，管理者正在从"个人能力驱动"转向"网络价值驱动"。人脉网络的真实价值来自三大维度的协同效应：关键枢纽数量、关系连接强度、数据可流动性。

越来越多的管理者开始借助 AI 工具（如 CRM 智能标签、社交图谱分析等）提升人脉资产的可视化与激活率，实现从以下三个方向的跃迁。

- 从单点连接到生态联动：识别并激活关键连接者，撬动背后资源网络。

- 从静态记录到动态评估：根据互动数据与行为变化，持续优化人脉维护策略。

- 从社交消耗到战略增值：将日常低效社交转为高杠杆资源协同，实现业务突破。

虽然 AI 无法取代高质量的人际关系建设，但它正成为管理者升级"社交思维"与"关系整合"能力的重要助手。

9.3
高价值人脉 AI 识别、分级和策略

9.3.1 三维评估模型：高价值人脉 AI 识别

在管理者人脉管理中，AI 可通过三维评估模型对人脉的潜在价值进行分析。研究发现，许多 CEO 的通信记录中，真正属于"关键决策推动者"的沟通在频次和内容上往往未达预期，这表明 AI 对人脉质量的分析需要综合考量多重因素。具体而言，对人脉价值的评估和排序可从以下三个维度展开：首先，行业影响力维度主要考察人脉在特定行业中的话语权，重点关注行业领导者、意见领袖或决策者。AI 通过分析社交网络数据、媒体报道及行业报告等信息，评估联系人在行业中的实际影响力。通常而言，具有较强行业影响力的关联性能带来更显著的商业机会。其次，资源互补性维度着重评估人脉双方在资源上的匹配程度，包括资金、技术、市场、人才等要素的互补潜力。借助 AI 分析，系统可识别出能为管理者提供关键资源或创造重要合作机会的联系人。最后，连接可能性维度主要分析建立深度合作关系的可行性。AI 通过研究社交行为模式和历史互动数据，评估管理者与特定人脉建立实质性合作关系的可能性。

9.3.2　高价值人脉 AI 分级策略

基于三维评估模型的分析结果，AI 可将管理者的人脉资源划分为三个等级（S 级、A 级和 B 级），以支持管理者制定差异化的互动管理策略。该系统通过以下流程实现精准管理：首先，锁定目标人脉并采集其公开数据；其次，综合评估对象的行业背景、社交活跃度及社会影响力等；最后，依据分析结论生成定制化的互动策略调整方案，以充分挖掘合作潜力。这种人脉分级管理体系具有双重优势：一方面帮助管理者实现精力的优化配置，另一方面确保人脉资源的最大化利用。

（1）S 级（战略级）：这一层级的人脉通常具备较强的行业影响力，包括行业领袖、资深投资人以及企业高层管理者。他们的决策和观点往往对管理者的战略方向及企业整体发展有直接影响。AI 系统在这一层级主要发挥辅助作用，通过持续采集行业新闻、社交媒体动态及关键活动信息，帮助管理者及时掌握核心人脉的最新动向。基于实时数据跟踪与智能提醒，管理者能够实现对重点联系人"及时响应、高效互动"的目标。同时，管理者需保持与这类人脉的高频交流与深度沟通，巩固并拓展核心关系网络，确保资源和信息优势的最大化。人机协同的管理模式，是提升战略人脉价值的关键。

（2）A 级（资源型）：这一层级的人脉在资源互补性方面具有较高价值，主要包括潜在投资者、战略合作伙伴以及重要客户群体。与这类人脉的互动通常聚焦于业务合作的拓展与资源的优化配置。AI 系统能够基于每位资源型人脉的特征，辅助管理者生成定制化的互动方案，帮助有效维护关系网络并挖掘潜在合作机会。通过智能内容生成工具，系统可以分析对方的关注重点和核心需求，辅助生成个性化沟通内容，如商务邮件、会议议程及社交媒体互动策略，提升关系管理的效率与精准度。

（3）B 级（潜力型）：在当前阶段，这类人脉的影响力和资源相对有限，但具备一定的发展潜力。管理者与潜力型人脉的互动通常采用轻量级模式，侧重于定期维护和长期关系的培养。AI 系统通过自动化管理工具辅助实现高效维护，包括定期触发互动提醒、协助发送邮件及社交媒体互动建议等功能。这种智能化的管理方式既能确保潜力型人脉得到持续关注，又有效降低了关系维护的时间成本，帮助管理者更轻松地维护和发展这些潜力人脉。

9.3.3　AI 驱动人脉激活策略

1. 智能破冰系统

建立有效的初次沟通是激活高价值人脉的关键环节。AI 通过深度分析目标对象的动态信息和个人偏好，能够帮助管理者制定个性化的沟通策略，显著提升社交破冰的成功率。具体而言，管理者可以借助 AI 工具分析对方的社交媒体动态、新闻报道、行业活动参与情况等公开信息，从而精准把握其专业兴趣、关注重点及潜在需求。基于这些分析结果，AI 能够生成个性化的破冰话术，使管理者能够以最恰当的方式建立初次联系。

以我个人的实践经验为例：在准备与一位从英国归国的

光学博士会面前，由于对该领域不够熟悉，我利用 AI 工具进行了系统性的准备工作。通过关键词检索，AI 快速梳理了该博士最新发表的学术论文和行业分析报告，并提取其中的核心观点和研究重点。同时，AI 还整合了其参与的行业峰会记录、公开演讲内容等多媒体资料，最终生成了一份翔实的个人档案。在此基础上，我进一步整理了会面议程、预期目标及后续跟进计划，并由 AI 自动生成了标准化的跟进邮件模板。会面时，我先就对方最关注的专业话题展开讨论，这一策略立即赢得了对方的好感，为后续深入交流奠定了良好基础。

这一成功案例使我形成了标准化的人脉激活流程：针对每次重要会面，我都会提前运用 AI 工具完成信息收集、分析准备和话术优化，确保以最专业的方式开启每一次人脉连接。这不仅提高了沟通效率，更显著提升了高价值人脉的转化率。

2. 深度连接引擎

AI 能够通过深度连接引擎（知识共享与资源撮合）帮助管理者维系人脉关系，从而推动关系向更深层次发展，特别是在高价值人脉的资源交换与协作方面。具体而言，AI

工具可以高效整合行业数据，提炼关键洞察并转化为可传播的内容，从而提升社交互动的价值。管理者可以借助 AI 生成的行业白皮书、趋势报告或深度分析等专业资料，将其作为社交货币与人脉共享，以此建立并维持长期联系。通过持续提供有价值的行业资讯或个人见解，管理者能够在知识共享的基础上实现与对方的深度连接。

此外，AI 不仅能帮助分析对方的需求，还能智能撮合双方的资源。例如，在一次与虚拟现实公司洽谈文旅项目合作时，对方展示了公司介绍方案。会议结束后，我获取了该方案并利用 AI 进行分析。AI 不仅生成了该公司与行业竞争对手的优劣势对比报告，还识别出该公司正处于融资阶段，同时发现了该公司高管与我其他人脉之间的互补需求。基于这一分析，AI 提出了一个满足三方需求的跨界合作方案。随后，我带着这一方案及投资人的人脉资源再次拜访该公司，最终不仅促成了项目合作，还成功协助该公司完成了一轮融资，实现了多方共赢。

在拓展新兴行业或专业门槛较高领域的人脉时，如何建立深度连接？一位金融投资行业的资深高管分享了他的见解：在 AI 时代，金融从业者若想有效拓展人脉圈，需具备以下关键能力。（1）掌握硬核技能：Python、数据分析等工具不可或缺。即便 AI 能完成招股书 95% 的工作，但最终决策仍依赖人的判断。因此，个人专业能力是核心竞争力。（2）构建智能知识库：将过往工作经验、行业报告及市场分析等数据系统化存储，借助 AI 工具快速调取、分析并优化。凭借高质量信息进行深度交流，更容易链接到优质人脉。（3）积极参与行业社交：多参加行业峰会，主动结识业内专家。例如，摩根大通的区块链项目等前沿机会，往往通过人脉推荐获取。许多高薪职位也依赖内推渠道，缺乏人脉甚至可能错失关键信息。（4）强化 AI 无法替代的能力：培养客户信任、风险意识及行业直觉。AI 虽然强大，却难以复制从业者十几年积累的经验与判断力。同时，持续拓展行业人脉，汲取高质量经验，并利用 AI 从中提炼共性规律，实现自我提升。最后，他强调，"熟练运用 AI 工具 + 深刻理解人性，将是未来金融行业进阶的核心逻辑"。

3. 长期维护方案

长期维护是人脉管理的核心环节。借助 AI 的自动化功能，管理者能够以高效且个性化的方式维护重要人脉关系，确保持续深化互动。AI 可协助生成个性化视频祝福，用于祝贺人脉对象的生日、职场晋升、节假日等特殊时刻。这种定制化祝贺方式既能体现管理者的诚意，又能展现其创新思维。在信息交互方面，AI 能基于对方的兴趣偏好和行业动态，自动推送定制化的行业简报与资讯。这种精准的信息推送不仅有助于维持日常联系，更能凸显管理者的专业价值与行业洞察力，从而强化人际关系。

具体而言，AI 数据分析工具可抓取社交媒体、新闻平台和行业报告等渠道的内容，协助生成相关定制化简报，将其转化为有效的人脉互动工具。针对沉默联系人，AI 具备关系重启功能。当识别出长期未互动的联系人时，系统会生成个性化的重新接触邮件或消息，测试联系的可恢复性。同时，AI 会实时监测并推送联系人的动态更新，如职位变动、重大新闻等关键信息，帮助管理者及时把握重新建立联系的契机。

当然，人脉并不是需要依赖时才临时唤醒的资源，也不是一次性的资源调动，而是需要长期精细维护的"职场资产"，是管理者通过日常的关注、持续的价值输出与真诚的互动，一点一滴积累起来的信任网络。优秀管理者之所以能够在关键时刻获得支持，并不是偶然，而是源于他们平日里用心经营的"关系账户"已经悄然升值。进一步而言，真正可持续的人脉关系是建立在"共同成长"与"价值互哺"基础上的。

　　优秀管理者应主动向人脉群体分享自身的思考成果、行业洞察或资源机会，并以平等合伙人的视角邀请对方共建知识、共同参与项目，从而形成双向互动和合作共赢。例如，通过定期组织小范围的管理早餐会或圆桌会，激发彼此的认知碰撞；或在关键时刻主动为人脉提供合作机会，形成真实的"互助记忆"，都是构建深度关系的有效方式。此外，优秀管理者还应积极扮演连接者的角色，在不同人脉之间搭建合作桥梁，促成资源共享与协同互利。通过持续的信任投资与价值交换，逐步构建一个高黏性、高信任度的外部协作生态，让人脉关系在正向循环中不断增值，从而实现个体与组织的双重成长。

9.4
人脉网络的复合价值

　　在 AI 时代，管理者的人脉网络已从传统的"静态资源池"进化为"动态价值生态"，借助智能工具实现裂变式增长与多维价值变现。现代人脉管理已超越简单的关系连接，发展成为可量化分析、可裂变扩展、可智能交互的战略性资产。

9.4.1　人脉网络裂变与变现——裂变路径设计

在人脉网络中，能够连接大量个体并形成广泛影响力的关键人物被称为"超级连接者"。借助 AI 技术，企业管理者可以精准识别其社交网络中具有广泛影响力和连接潜力的"超级连接者"。他们往往活跃于多个行业与社交圈层，是推动网络裂变式增长的核心枢纽。借助 AI 技术，管理者可以系统识别自身社交网络中的"超级连接者"。通过社交图谱分析，AI 能够精准判断谁具备更强的跨界连接能力和网络扩展潜力。这类人物通常拥有高频互动、高可信度与广覆盖的资源网络，是驱动关系网络倍增的关键节点。

在实际应用中，专业人员可以通过领英等社交平台，利用 AI 分析互动数据，识别潜在"超级连接者"，并据此制定后续的联络策略。先进的人脉网络可视化 AI 工具能够将管理者的社交关系以图形化方式呈现，清晰展示人脉间的连接路径。这种可视化分析使管理者能够直观地识别"超级连接者"及其连接模式，从而设计最优的网络扩展路径。基于可视化数据分析，AI 系统还能提供具体的网络扩张建议，包括目标对象的筛选标准、介绍邮件的发送策略，以及线下活动的组织方案等。

9.4.2　人脉网络裂变与变现——资源变现模式

在人脉数字化的基础上，AI 正在赋能管理者探索多种人脉资源的变现路径，无论是直接转化为商业机会，还是间接转化为知识产品与影响资产，皆可通过技术实现系统的释放。

（1）AI 技术能够通过分析管理者的人脉资源与业务需求，实现精准的商业匹配。基于管理者的人脉特征与商业目标，AI 可辅助管理者筛选出最具合作潜力的伙伴与客户，助力管理者高效开拓市场并获取商业回报。例如，某高管借助 AI 工具，将其人脉网络与公司业务拓展需求进行智能匹配。AI 通过数据分析，精准识别最优合作伙伴，并为管理者提供决策辅助支持，从而优化谈判与协作流程。这种直接变现模式，使高管能够将高价值人脉资源转化为实际收入或战略合作机会。

（2）在知识经济时代，管理者可以通过 AI 技术将人脉网络中的专业资源转化为知识付费产品。具体而言，管理者可借助 AI 工具系统性地整合人脉互动中产生的行业洞见、商业案例与最佳实践，将其转化为结构化、高价值的课程内容。这种转化模式已得到行业专家的广泛验证——许多专业人士正通过在线课程、视频教程、专题报告等形式，实现人脉资源的间接变现。AI 技术在此过程中发挥着关键作用：首先，它能高效构建课程框架，显著降低内容创作的时间成本；其次，AI 可智能识别适合开发的话题方向，并协助完成多形态的知识产品转化。

9.4.3　脑机接口社交：Neuralink 带来的颠覆想象

随着技术进步，未来的人脉管理将突破传统物理沟通和数字化平台的局限。脑机接口（Brain-Computer Interface, BCI）技术正在快速发展，其中如埃隆·马斯克创办的 Neuralink 公司（2016 年成立，专注于侵入式 BCI 的研发）致力于实现人类通过脑电信号与计算机直接交互，从而突破键盘、屏幕或语音输入等传统交互方式的限制，探索大脑与计算机深度连接的可能性。未来管理者或许能借助该技术直接分享思维、情感和信息，大幅降低社交中的时空障碍。这一变革将深刻影响管理者的互动方式，显著提升人脉连接的效率与深度，甚至重塑人际互动的基本规则。

　　未来，管理者有望借助 BCI 技术，在一些特定场景中实现更深层次的人际连接。比如，借助脑波数据，可以辅助判断对方的情绪变化和关注重点，从而帮助管理者更好地调整沟通方式；又比如，佩戴如杭州强脑科技的非侵入式头环，可以实时监测自己的专注度和紧张情绪，并让 AI 提供放松建议，提升谈判或会议表现。更进一步设想，随着 AI 和 BCI 的融合技术不断进步，或许我们真的可以"分享思维片段"，实现一种更高效的团队协作方式。这种"脑与脑"的直接协同，可能彻底改变传统的人脉建立与管理方式，让人与人之间的连接更加快速、高效、无障碍，进入一个真正"零摩擦沟通"的新阶段。

　　随着人工智能、虚拟现实、BCI 等技术的发展，管理者的人脉网络将突破传统"人际关系"的局限，演变为一个融合数据、技术与个人智慧的动态智能生态系统。当人脉被视为流动的战略资源网络时，AI 便成为认知的引力透镜——它不仅能提升连接效率，更能重构商业世界的底层运行逻辑。数据是新型社交货币，算法是关系契约的新形式，而价值共振频率决定了生态位的高度。真正的智能领导者，正运用 AI 将偶然的人际相遇转化为必然的成功路径。

人脉网络的终极法则即复合价值，其计算公式：复合价值 = 裂变速度 × 变现密度 × 技术杠杆。

（1）裂变速度：通过"超级连接者"实现指数级网络扩张。

（2）变现密度：AI 精准匹配需求与资源，提升单点价值产出。

（3）技术杠杆：BCI 等前沿技术重构交互规则，从"人际链接"升级为"神经协同"。

AI 时代的人脉管理本质上是一场"数据重构关系"的革命。在这个变革中，管理者需要将 AI 作为认知外脑，把模糊的社交直觉转化为精准的算法决策，将孤立的个人连接升级为动态的生态网络。当人脉成为可编程、可裂变、可交互的战略资产时，商业竞争的关键已从"资源占有"转向"连接效率"。

未来的领导者需要兼具人性洞察力与数据算法掌控力。他们能够运用 AI 技术，将偶然的人际相遇转化为必然的成功路径，通过技术杠杆实现价值的指数级增长。正如 BCI 技术所预示的终极图景：当人机共生成为常态，人脉网络将不再是简单的管理对象，而是具有生命力的有机体——它通过数据实现自我更新，通过价值裂变实现持续进化，通过重构实现突破发展，最终成为领导者塑造商业未来的核心竞争力。

成长赋能

✳ 现代人脉管理已从传统的线性社交模式，发展为跨界互动与智能算法驱动的关系网络构建。

✳ AI 赋能的人脉管理，已从单纯的"人脉拓展"升级为"高效互动"与"战略协同"的新模式。

✳ 管理者的成功不仅取决于决策力，更体现在借助 AI 精准定位并激活行业核心资源的能力上。

✳ AI 的深度学习技术为管理者的人脉管理提供了全新的战略视角并显著提升了决策效率。

✳ 在 AI 时代，人脉不仅是资源，更是智能化的战略资产。通过 AI，我们不再依赖直觉，而是用数据和智能算法识别高价值人脉，从而构建精准的未来关系网络。

··· 后记 ···

未来已来，成长不止

　　当你翻到本书最后一页时，我们已经共同完成了一场深度的认知之旅。本书的创作源于我对一个核心问题的持续思考：在 AI 高速演进、技术与人文深度融合的当下，什么样的管理者才能真正引领未来？这一问题不仅关乎职业发展的进阶，更涉及我们如何在知识、能力与角色都加速迭代的时代，找到自身的定位与成长路径。

1. 写给这个时代的管理者

　　AI 时代的到来重塑了商业逻辑，也重构了组织的边界。技术以指数级速度进化，不断推动我们刷新认知、重启经验、再造能力。在这样的时代背景下，"复合成长"成为每一位管理者的核心修炼课题。复合成长并非简单的知识叠加，而是在复杂系统中穿梭整合的能力，是一种主动适应变化、跨界思考与持续迭代的理性智慧。它要求我们不仅懂业务、懂人、懂技术，更要学会在不确定性中寻找确定性，在多元中建立秩序。与此同时，管理的本质也在悄然转变——它不再仅仅是流程与制度的安排，而是一场真实的连接：听见彼此的声音，看见共同的方向，一起将"不可能"变成"我们可以"。真正优秀的管理，从来不是"我带你们走"，而是"我们一起走"。

2. 我的成长，是一条"复合"的路径

我的职业发展路径并非经过精密规划，而是在持续探索中不断积累。从浙江大学管理学院毕业后赴北京工作，到在职准备 GMAT 考试，再到赴美攻读 MBA 学位，我始终在"管理学"与"金融学"双轨道上并行发展——前者培养了我的系统性思维和心理韧性，后者则锤炼了我在信息模糊、碎片化情境中洞察问题本质的能力。

在美国攻读 MBA 期间，我以研究助理身份参与了导师主持的全球商业咨询项目，并在研究生二年级阶段协助一位波士顿校友完成投资分析工作。我曾为东南亚某酒店并购项

目设计增长预测模型，参与商业尽职调查与风险预判工作。这些跨境实践经历使我深刻认识到：卓越的管理能力不仅体现在计划制订与执行推进层面，更在于应对复杂商业环境时所展现的资源整合能力与商业判断力。

在临近毕业之际，我已获得国内某拟赴海外上市企业的录用通知。与国内外优秀团队的合作经历，不仅显著提升了我的专业能力，更全面拓展了我的商业视野。

此后，我积极投身于以"跨界创新"为特征的新发展阶段：在科技企业担任管理职务期间，我主导实施了业务体系重构与组织效能升级；在传统产业转型过程中，我着力探索创新商业模式，系统推进数字化转型，并多次承担从零起步的创业项目，成功推动可复制增长模式的落地实施。

在政府部门任职的经历，培养了我的宏观战略思维与系统性思考能力。当时，我参与了区域产业规划编制、经济政策研究及重点招商引资项目。而在实体产业深耕实践中，我深刻体会到"长期主义"的价值内核——那些需要持续投入的基础性工作，正是企业实现可持续发展的核心动力。

作为母亲这一经历，成为我管理认知实现质变的关键转折点。我深刻认识到，"韧性领导力"的内涵不仅包含情绪调控能力，更体现为在不确定性环境中调节工作节奏、在矛盾冲突中建立有效连接的综合素养。这一认知让我领悟到：卓越的领导者不应仅聚焦于业绩驱动，更需要担当情绪协调与关系平衡的角色，即在复杂人性交织的职场环境中，始终保持清醒判断与内在秩序的能力。

与此同时，我对个人成长始终秉持严格要求。求学期间，我经常学习至凌晨三四点；步入职场后，每日 15 小时的高强度工作已成为职业常态。支撑我跨越不同发展阶段的核心动力，并非短期爆发力，而是源于对专业成长的执着追求与对自我突破的持续投资。通过主动突破舒适区、积极应对不确定性挑战，结合跨界学习不断更新管理理念与方法论体系，我将实践经验逐步转化为组织韧性的战略基础。

通过持续的管理实践，我逐渐确立了一个核心认知：卓越管理者的持久竞争力，不在于追求绝对控制，而在于建立动态环境中的自我调节机制；不依赖于强势作风，而源于刚柔并济的思维深度与适应弹性。

我的职业发展轨迹并非简单的线性延伸，而是呈现多维能力交叉迭代的复合演进模式。这一成长路径虽无既定范式，但始终遵循"认知突破—实践积累—心智成熟"的三维发展框架。这正是我所诠释的"复合成长"内涵：构建个性化的职业发展系统，持续优化决策判断能力、执行推动力与心理复原力三大核心维度。

3. 写给未来的管理者：关于 AI、判断力与组织智慧

  未来管理者的核心价值将不再取决于其掌握的信息量或工具数量，而在于其资源整合效能、决策精准度以及组织进化引领能力。人工智能的快速发展为管理者提供了前所未有的数据洞察与决策支持工具，这些技术能够实现复杂问题的量化分析、潜在趋势的识别以及认知偏差的规避。然而，卓越的判断力本质上仍源于深层的认知架构与系统性思维模式，这需要融合四大核心要素：实践经验积累、人性本质理解、技术工具驾驭以及环境动态洞察。

  在组织管理层面，现代管理实践已超越传统的流程优化与绩效评估范畴，演进为融合个体潜能开发、集体智慧整合与创新动能激发的系统工程。当代领导者的核心使命在于构建具有自我学习与持续进化特征的开放型组织生态，确保组织在动态环境中保持成长活力。

  "复合成长"理论提供了一套系统化的认知框架与可操作的实践路径，助力管理者基于自身知识结构、职业兴趣与价值取向，构建个性化的能力发展组合。无论是管理决策的

制定还是管理结果的承担，最具长期价值的投资方向在于持续性的自我提升与底层认知体系的塑造优化。

"未来已来，只是分布不均。"当代管理者需要突破既有经验的局限，以未来视角审视当下，持续提升战略想象力与技术敏感度，深入把握商业演进与技术创新的共生关系。在变革时代，真正的核心竞争力已从维持旧秩序的稳定性，转变为在变化中重构新秩序的魄力。适应力与组织韧性成为管理者最关键的能力资本，也是面向未来最具价值的稀缺资源。管理本质上是一场融合信任构建、深度倾听、有效连接与共同成长的持久征程，是人与技术深度协同的艺术实践，更是组织实现卓越发展的必然路径。这条管理进阶之路，始于每位管理者持之以恒的自我修炼与主动突破。

4. 复合成长，是一套能力战略，更是一种时代选择

本书凝结了我 20 年来横跨金融、互联网、科技、教育等多个领域的实践积淀与思想结晶，同时融合了对 20 余位行业杰出管理者的深度访谈所萃取的实战智慧。它不仅构建了一套系统化的能力成长模型，更为读者提供了一份应对新时代挑战的职业发展蓝图与人生进阶指南。

"复合成长"的本质在于底层逻辑的重构，是跨界思维与复合能力的持续叠加，更是组织与个体在复杂多变环境中保持学习力、适应力与创新力的长期战略。真正的竞争力并非依赖单一技能或短期策略，而是源于对认知边界的不断拓展、多元知识与经验的深度整合，最终形成独特的洞察力与行动力。当下的每一次尝试与突破，看似微小，实则构成未来十年职业发展的关键基石。你所迈出的每一步，都在无形中积累复合成长的势能。选择复合成长，意味着主动拥抱未来的不确定性，构建持续进化的独特路径，最终成为新时代浪潮中的引领者与管理先锋。

5. 结语：复合成长，与未来并肩而行

未来已至，成长永续。我们正身处一个前所未有的时代交汇点——技术迭代日新月异，社会结构持续重构，每位管理者都面临着前所未有的机遇与挑战。唯有以开放姿态拥抱变革，持续拓展认知边界，锤炼复合型成长能力，方能在复杂多变的环境中行稳致远。

这条成长之路注定充满挑战，它既考验管理者的韧性、智慧与勇气，更需要管理者对未来发展保持坚定信念。本书

愿成为您职业征途中的指路明灯，助您在变革浪潮中锚定方向，淬炼独具特色的管理之道，与团队共进共赢，携手开创更加美好的未来。

未来已至，成长不息。愿与诸君共勉前行。